메이크샵이 알려 주는

**언택트 시대 쇼핑몰 창업의 정석** 구축편

메이크샵이 알려 주는
# 언택트 시대 쇼핑몰 창업의 정석 구축편

**초판 1쇄 발행** 2020년 10월 29일

**지은이** 강수진
**펴낸이** 김기록
**펴낸곳** AppBooks(앱북스)

**출판등록번호** 제2010-24
**주소** 서울 금천구 가산동 371-28 우림라이온스밸리 A-1401
**대표전화** 02-6903-9519
**팩스** 02-2026-5081
**홈페이지** www.appbooks.net
**이메일** help@appbooks.net

**ISBN** 979-11-85618-28-9

**가격** 18,000원

이 도서의 국립중앙도서관 출판예정도서목록(CIP)은 서지정보유통지원시스템 홈페이지(http://seoji.nl.go.kr)와 국
가자료종합목록 구축시스템(http://kolis-net.nl.go.kr)에서 이용하실 수 있습니다. (CIP제어번호 : CIP2020040850)

메이크샵이 알려 주는

언택트
시대 쇼핑몰
창업의
정석 구축편

앱북스

**프리뷰**

본 책은 쇼핑몰 [구축] 편으로 인터넷에서 첫 전자상거래를 하기 위한 기초적인 창업 준비 단계라고 생각하면 됩니다. 누구나 혼자 책을 보고 따라하며 PC 쇼핑몰과 모바일 쇼핑몰 모두 만들 수 있도록 쉽게 구성하였습니다.

### ① 쉬운 설명과 구축 순서에 맞는 목차 구성

메이크샵 회원가입을 시작으로, 쇼핑몰 구축 순서에 맞게 목차를 구성하여 순서대로 학습하면 PC 쇼핑몰은 물론 모바일 쇼핑몰까지 완성할 수 있습니다.

### ② 동영상 강의 제공

각 챕터마다 내용에 해당하는 동영상 강의를 제공하고 있습니다. 본문의 설명만으로 이해가 어렵다면 해당 동영상 연결 QR코드로 접속하여 학습하기 바랍니다.

### ③ 실습 이미지 소스 제공

이 책을 보면서 실습이 가능하도록 예제와 이미지 파일을 제공하고 있으니 다음 다운로드 방법을 참고하여 사용하기 바랍니다.

### ④ 배너 디자인 삽입용 시즌별 이미지 아이콘 제공

봄, 여름, 새해, 크리스마스 등 시즌별로 준비 된 이미지 아이콘을 제공합니다. 내 쇼핑몰에 맞는 각종 쇼핑몰 배너 디자인을 제작 시 활용할 수 있도록 이미지 파일로 제공하고 있으니, 필요하신 분들은 다운 받아 사용하기 바랍니다. 다운 받는 방법은 실습 이미지 파일 받는 방법과 동일하니 참고 바랍니다 .

## 이미지 소스 다운 받는 방법 ❶

❶ 앱북스 홈페이지(www.appbooks.net)에 접속합니다.

❷ [독자공간] 〉 [자료실] 메뉴를 클릭합니다.

❸ 자료실 리스트에서 해당 게시물을 클릭하여 이미지를 다운 받습니다.

(※ 단, 이미지 파일은 로그인 후 다운 받을 수 있습니다.)

## 이미지 소스 다운 받는 방법 ❷

❶ 셀러리 커뮤니티 홈페이지(www.sellerly.net)에 접속합니다.

❷ [교육센터] 〉 [교육자료] 메뉴를 클릭합니다.

❸ 자료실 리스트에서 해당 게시물을 클릭하여 이미지를 다운 받습니다.

(※ 단, 이미지 파일은 로그인 후 다운 받을 수 있습니다.)

▤ 셀러리 커뮤니티는 온라인창업을 준비하는 예비창업자와 운영자를 위한 곳으로 메이크샵에서 운영하는 정식 창업 정보 커뮤니티입니다. 방문하여 다양한 창업 무료 교육 및 창업 정보 등을 받아보세요.

▤ 전자상거래관리사와 전자상거래운용사는 전자상거래에 대한 기초적인 지식과 기능을 평가하는 국가기술자격 시험으로, 각 시험의 실기 프로그램에 메이크샵이 사용되고 있습니다.

# 목 차

# CONTENTS

MAKESHOP

# PART 1

# 쇼핑몰 시작하기
## (사전준비 & 가입하기)

쇼핑몰을 제작하기에 앞서, 온라인 사업을 시작하면서 준비해야하는 절차들에 대해 함께 진행합니다. 세무서를 직접 방문하지 않고도 가능한 홈택스를 통한 사업자 등록 신청과 메이크샵의 회원가입, 도메인 검색과 구매 등 준비 단계의 필수사항을 짚어 알려드립니다.

# 홈택스로 사업자 등록하기

사업자 등록은 온라인 및 오프라인에서 비즈니스를 시작 할 때에 가장 기본적으로 신청하는 절차입니다. 사업을 시작한 날로부터 15일 이내에 신분증을 지참하여 사업장의 관할 세무서를 방문하여 신청하거나 홈택스 사이트를 통하여 온라인으로 신청할 수 있습니다. 사업의 종류와 형태에 따라 붙임 서류가 더 추가되는 경우가 있으니 조건에 따라 달라지는 부분 유의 바랍니다. 여기에서는 홈택스로 도&소매 업종 개인사업자를 등록하는 방법을 함께 진행합니다.

##  방문 시 작성하는 사업자등록 신청서

■ 부가가치세법 시행규칙 [별지 제4호서식] <개정 2015.3.6.>

홈택스(www.hometax.go.kr)에서도 신청할 수 있습니다.

## 사업자등록 신청서(개인사업자용)
### (법인이 아닌 단체의 고유번호 신청서)

※ 사업자등록의 신청 내용은 영구히 관리되며, 납세 성실도를 검증하는 기초자료로 활용됩니다.
아래 해당 사항을 사실대로 작성하시기 바라며, 신청서에 본인이 자필로 서명해 주시기 바랍니다.
※ [ ]에는 해당되는 곳에 √표를 합니다.

(앞쪽)

| 접수번호 | | 처리기간 | 3일(보정기간은 불산입) |
|---|---|---|---|

### 1. 인적사항

| 상호(단체명) | | 전화번호 | (사업장) |
|---|---|---|---|
| 성명(대표자) | | | (자택) |
| | | | (휴대전화) |
| 주민등록번호 | | FAX번호 | |
| 사업장(단체) 소재지 | | | 층    호 |

### 2. 사업장 현황

| 업 종 | 주업태 | | 주종목 | | 주생산요소 | | 주업종 코드 | 개업일 | 종업원 수 |
|---|---|---|---|---|---|---|---|---|---|
| | 부업태 | | 부종목 | | 부생산요소 | | 부업종 코드 | | |

| 사이버몰 명칭 | | 사이버몰 도메인 | |
|---|---|---|---|

| 사업장 구분 | 자가 면적 | 타가 면적 | 사업장을 빌려준 사람 (임 대 인) | | | 임대차 명세 | | | |
|---|---|---|---|---|---|---|---|---|---|
| | | | 성 명 (법인명) | 사업자 등록번호 | 주민(법인) 등록번호 | 임대차 계약기간 | (전세) 보증금 | 월 세 | |
| | ㎡ | ㎡ | | | | . . ~ . . | 원 | 원 | |

| 허 가 등 사업 여부 | [ ]신고    [ ]등록<br>[ ]허가    [ ]해당 없음 | | 주류면허 | 면허번호 | 면허신청 | |
|---|---|---|---|---|---|---|
| | | | | | [ ]여 [ ]부 | |

| 개별소비세 해당 여부 | [ ]제조   [ ]판매   [ ]입장   [ ]유흥 |
|---|---|

| 사업자금 명세 (전세보증금 포함) | 자기자금 | 원 | 타인자금 | 원 |
|---|---|---|---|---|

| 사업자 단위 과세 적용 신고 여부 | [ ]여    [ ]부 | 간이과세 적용 신고 여부 | [ ]여    [ ]부 |
|---|---|---|---|

| 전자우편주소 | | 국세청이 제공하는 국세정보 수신동의 여부 | [ ]동의함<br>[ ]동의하지 않음 |
|---|---|---|---|

| 그 밖의 신청사항 | 확정일자 신청 여부 | 공동사업자 신청 여부 | 사업장 외 송달장소 신청 여부 | 양도자의 사업자등록번호 (사업양수의 경우에만 해당함) |
|---|---|---|---|---|
| | [ ]여 [ ]부 | [ ]여 [ ]부 | [ ]여 [ ]부 | |

210mm×297mm[백상지 80g/㎡ 또는 중질지 80g/㎡]

01  홈택스(https://www.hometax.go.kr) 사이트에서 회원가입 및 공인인증서 로그인을 합
    니다. 처음 가입하는 경우나 공인인증서가 등록되어 있지 않은 회원은 공인인증서 등록
    절차를 진행해야 합니다.

02  홈택스 사이트의 메인에서 [신청/제출] 버튼을 클릭합니다.

03  [사업자등록 신청/정정]을 클릭합니다.

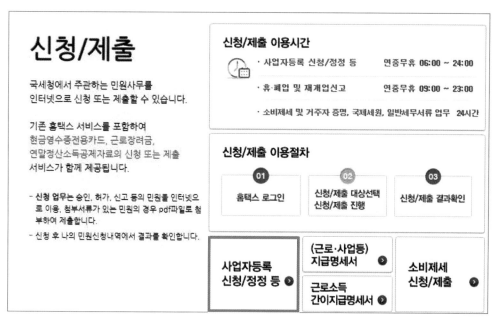

**04** 사업자등록 신청(개인) 메뉴의 [바로가기] 버튼을 클릭합니다.

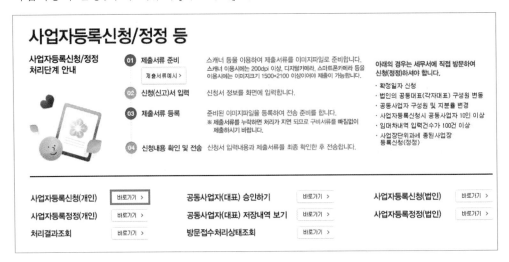

**05** 사업자등록 신청서를 작성합니다. 필수 항목이 따로 있지만 기타 사항도 해당이 된다면 최대한 상세하게 작성하여 제출합니다. 상호명, 기본주소를 입력합니다. 주소지는 주민등록상의 거주지 집으로도 등록이 가능하며, 거주지를 임대한 경우 따로 임대차계약서를 준비하되, 파일 첨부가 필수는 아닙니다. 이 외에 임대한 사무실의 주소를 입력하는 경우 다음 절차에서 임대차계약 서류를 준비하여 첨부해야 합니다.

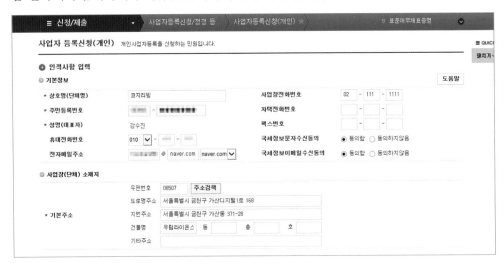

**06** [업종 입력/수정] 버튼을 클릭합니다.

**07** 업종코드의 [검색] 버튼을 클릭합니다.

**08** 업종코드란에 해당 업종코드를 입력하고 [조회하기] 버튼을 클릭합니다(전자상거래 소매업 업종코드 : 525101). 아래 업종코드 목록에서 해당 코드가 조회되면 이를 더블클릭합니다.

**09** [등록하기] 버튼을 클릭하고, 아래 [업종 등록] 버튼을 클릭합니다.

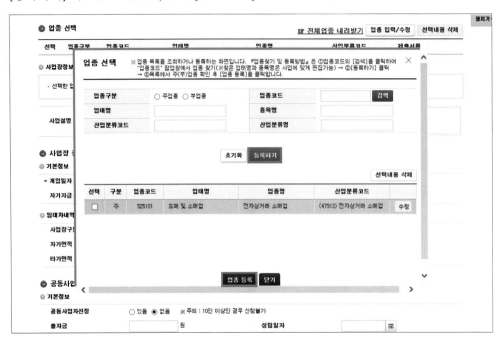

**10** [개업일자]를 선택합니다.

**11** 위에 입력한 기본 주소지의 사업장을 임대한 경우 [타인소유]를 선택하여 해당 내용을 입력합니다.

**12** 공동사업자가 있는 경우 별도로 체크하며, 이 때에 동업일 경우 뒤에서 동업계약서류를 첨부하여야 합니다.

**13**  사업자 유형은 간이로 선택합니다.

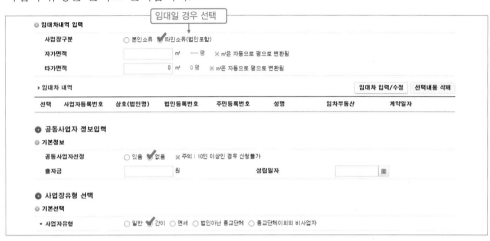

**14**  '사이버몰(선택사항)'에는 쇼핑몰 설정이 되어 있는 경우는 입력하고, 그렇지 않으면 입력하지 않아도 됩니다.

**15**  우편으로 고지되는 서류의 송달 주소지가 다를 경우 해당 항목에 입력합니다.

**16**  [저장 후 다음] 버튼을 클릭합니다.

**17** '제출서류 선택' 페이지에서는 임대차계약서, 인허가업종, 동업계약서 등에 해당사항이 있을 시에만 서류를 첨부합니다. 이 때 첨부 가능한 파일 형식을 잘 확인하고, 그에 맞게 업로드합니다. 해당사항이 없다면 바로 [다음]을 클릭합니다.

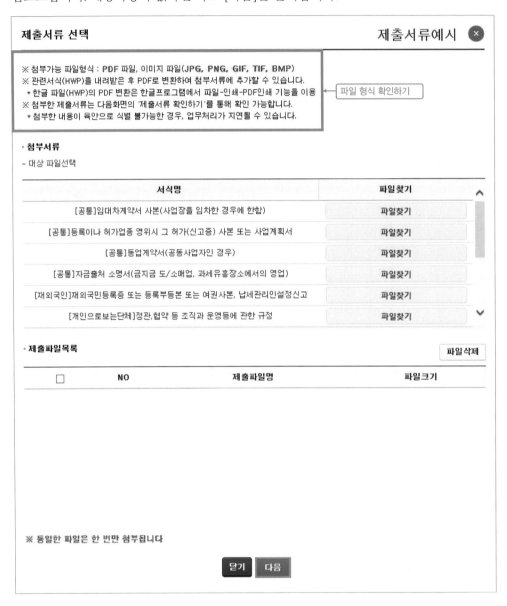

**18** 다음 페이지의 절차를 따라 확인 후 [다음] 버튼을 클릭하고 '최종확인' 창이 뜨면 '확인하였습니다'에 체크하고 [신청서 제출하기]를 눌러 신청을 완료합니다.

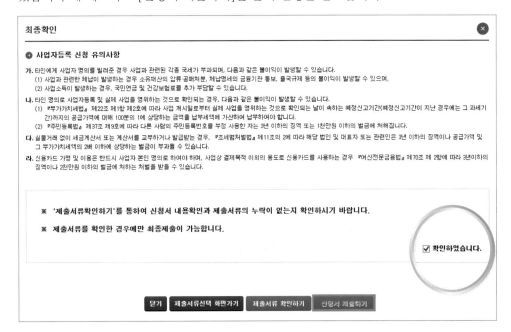

# 02 도메인 구매하기

도메인은 영문과 숫자로 이루어진 쇼핑몰의 주소로, 쇼핑몰의 고유한 이름을 드러내고 고객이 쇼핑몰로 유입 할 수 있게 하는 웹상의 주소지입니다. '싼도메인' 사이트에서 내 쇼핑몰에 알맞은 도메인을 검색하여 구매합니다. 1년 단위로 비용을 지불하고 구매하여 사용할 수 있고, 추후 메이크샵 관리자 페이지에서 내 쇼핑몰 화면과 연결을 하여 사용합니다.

01 싼도메인(https://www.ssandomain.com) 사이트에 접속하여 회원가입 및 로그인을 합니다.

02  메인 화면에서 원하는 영문 도메인을 입력하고 [검색] 버튼을 클릭합니다.

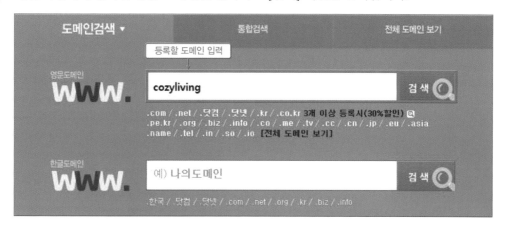

03  도메인 검색 결과 화면에서 등록 가능한 도메인과 등록 불가한 도메인이 모두 보여집니다. 구매할 도메인 앞에 체크하여 아래 [도메인 등록] 버튼을 클릭합니다.

**04** 도메인 신규등록 페이지에서 기간을 선택하고 비용을 확인합니다.

**05** 도메인 소유자 정보를 입력합니다. 도메인 네임서버 정보를 '메이크샵 네임서버'로 선택하고 동의 항목에 체크한 뒤 [다음단계]를 클릭하여 입력한 정보를 확인하고 결제합니다.

**TIP** **타 사이트 도메인 보유 시 네임서버 등록**

싼도메인은 메이크샵으로 쇼핑몰 구축 시, 네임서버의 등록이 별도로 필요하지 않습니다. 다만 타 사이트에서 도메인을 구매 했을 때, 해당 구매 사이트에서 '네임서버' 부분을 메이크샵 네임 서버로 변경해야 합니다. '메이크샵 네임서버'는 메이크샵에서 회원가입 후 관리자 페이지에서 확인할 수 있으며, 이에 대한 내용은 도메인 연결과 함께 130페이지에서 확인할 수 있습니다.

# 03 상품 준비하기

내 쇼핑몰에서 판매할 아이템을 선정하고 이에 대한 시장분석, 상품분석이 이루어 져야 합니다. 시장의 상황과 상품 특성을 고려하여 나에게 가장 경쟁력 있는 아이템을 선정한 뒤, 분석에 따라 쇼핑몰의 구축계획, 판매계획 등을 세울 수 있으므로 판매할 상품을 준비하는 단계에서는 많은 자료 조사가 필요합니다. 아이템을 선택 후, 상품을 준비하는 방법으로는 해외 상품 소싱, 국내 도매시장 상품 소싱, 위탁 상품, 자체 제작 상품 등 상품 특성이나 판매 전략에 따른 다양한 소싱 방법이 있습니다. 여러 상황을 고려하여 내 쇼핑몰의 운영관리에 적합한 방법으로 상품을 준비하도록 합니다.

##  해외 소싱 상품

해외에서 상품을 살 수 있는 방법은 다양합니다. 제조 공장이나 도매회사에 접근하여 구매하는 방법, 직접 방문하여 현지 도매상가에서 사입하는 방법, 해외사이트를 통해 판매할 상품을 온라인으로 구매 하는 방법 등이 있습니다. 해외 상품 소싱은 세계 경제 환경에 영향을 많이 받거나 환율 등으로 리스크가 있을 수 있다는 점을 유의해야 합니다. 그러나 해외에서 구입한 상품은 국내 상품에 비해 가격 경쟁력이 뛰어나 제품의 차별화 면에서 큰 장점이 될 수 있습니다.

## 국내 도매시장 사입 상품

국내 도매시장의 상품을 사입하여 소매로 판매하는 것이 가장 흔하고 일반적인 상품 준비 방법입니다. 특히 동대문 시장과 남대문 시장이 다양한 의류 및 잡화를 취급하는 도매 시장으로 널리 알려져 있고, 그 외에도 방산시장에서는 제과/제빵 재료, 식품재료, 캔들/ 향초 등의 공예 재료, 포장 재료 등을 취급합니다. 그리고 양재동 화훼단지에서는 화훼/묘 목을, 낙원상가에서는 악기, 경동시장에서는 약재/약초, 가락동 농수산시장에서 농수산물 등을 도매가로 판매하고 있습니다. 요즘은 온라인으로 사입 가능한 루트도 많이 생성 되 었지만 사업 초기에는 자신에게 알맞은 아이템을 선정한 후 그에 따른 국내 도매시장을 찾아보고 직접 방문하는 것도 시장의 파악에 큰 도움이 되므로 거래처를 방문하여 선정하 는 것을 추천합니다.

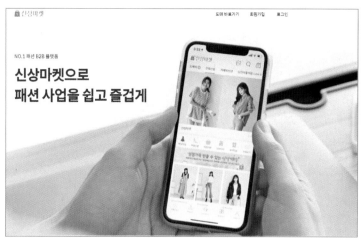

## 국내 위탁 상품

직접 상품의 재고를 가지고 판매하는 방식이 아닌, 업체에 상품 관리와 배송을 위탁하여 판매에만 집중할 수 있는 방법입니다. 사입하는 방식이 아니기 때문에 소자본으로도 접근이 가능하며 재고관리를 할 필요가 없다는 점이 매력적이지만, 상품을 위탁업체가 관리하므로 재고가 수시로 변동되어 갑작스럽게 품절되거나 배송지연, 판매중단이 일어나기도 하기 때문에 직접 컨트롤 할 수 없는 이런 상황들을 염두해야 합니다.

## 국내 제작 상품

제조공장과 연결하여 자체 브랜드의 상품을 제작하는 OEM 방식으로 상품을 준비할 수도 있습니다. 내 쇼핑몰과 브랜드에 맞는 독창적인 상품의 생산이 가능하고, 단독으로 내 제품을 판매하는 만큼 동일 상품의 가격경쟁에서 벗어날 수 있다는 장점이 있지만, 제작 수량과 관련하여 재고관리가 어려울 수 있는 점도 고려해 보아야 합니다.

# 메이크샵 회원 가입하기

**01** 쇼핑몰 구축을 시작하기 위해 메이크샵(https://www.makeshop.co.kr) 사이트에서 [무료체험 가입하기] 버튼을 클릭하고 가입을 진행합니다.

**02** '일반회원(개인 및 개인사업자)'의 [가입하기] 버튼을 클릭합니다.

**03** 본인 인증을 완료한 뒤 필수정보를 입력하고, 약관 동의에 체크 후 [동의하고 가입완료] 버튼을 클릭합니다.

**04** 가입완료 화면에서 한 번 더 비밀번호를 입력하고 로그인 합니다.

**05** 로그인을 하면 메이크샵 관리자 페이지를 확인할 수 있습니다.

**Plus** 실습 완료 사이트 '코지리빙' 방문 가능합니다.
www.cozyliving.co.kr

# 05 관리자 화면 기본 운용

메이크샵에 가입 후 로그인하면 쇼핑몰을 제작하고 관리하는 페이지가 열립니다. 본격적인 쇼핑몰 구축에 앞서, 관리자 화면의 메뉴에 대한 설명과 기본 운용 방법에 대해서 살펴보겠습니다.

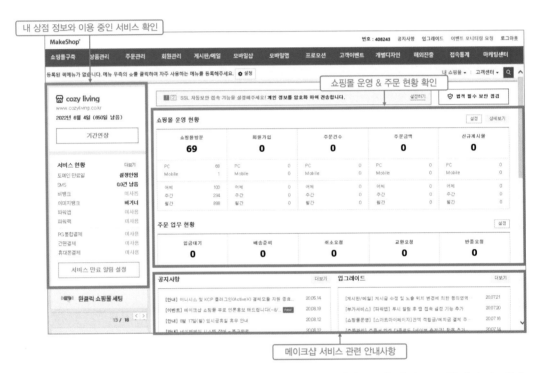

내 쇼핑몰의 첫 화면 왼쪽에서 내 상점에 대한 정보와 이용 중인 서비스를 확인할 수 있습니다. 가운데에는 쇼핑몰의 운영 현황과 업무 현황 등을 간략하게 보여주는 요약 정보가 있고, 그 아래의 공지사항, 업그레이드는 메이크샵 시스템에 대한 안내를 볼 수 있는 곳입니다.

## 메이크샵 상단 메뉴

**01** **메이크샵 로고**: 클릭 시 관리자 페이지 첫 화면으로 이동합니다.

**02** **상점번호**: 메이크샵 고객센터와 소통 시 상점번호를 전달하면 더 빠른 문의 응대를 받을 수 있습니다.

**03** **대 메뉴**: 상품 관리, 주문 관리, 회원 관리 등 메뉴가 기능별로 분류되어 있습니다.

**04** **내 쇼핑몰**: 내 쇼핑몰에 대한 정보로, 'PC 쇼핑몰'과 'MOBILE 쇼핑몰'로 이동할 수 있는 메뉴가 포함되어 있습니다.

**05** **고객센터**: 메이크샵 메뉴에 문의사항이 있을 때 이용할 수 있습니다.

**06** **검색창**: 메이크샵의 메뉴, 서비스, 관련 공지사항 등을 키워드로 검색하여 찾을 수 있습니다.

## 관리자 페이지 메뉴

상단에서 [대메뉴]를 클릭하면 왼쪽 영역에 [중메뉴]가 나타나고, [중메뉴]를 클릭하면 [소메뉴]가 아래로 나타납니다. 특정 기능 설정을 위해 이동할 때, 이렇게 세 단계로 이동하여 원하는 기능을 찾아 설정하고, 내 쇼핑몰에 반영합니다.

## 내 쇼핑몰 (PC 화면)

[내 쇼핑몰] >[PC 쇼핑몰]을 클릭하여 설정한 기능이 쇼핑몰에 잘 적용 되었는지 확인할 수 있습니다. 최초 쇼핑몰의 디자인은 기본 스킨으로 일괄 적용되어 있고, 여기서 원하는 스킨으로 변경 후, 스킨 일부를 수정하여 내 아이템에 맞는 쇼핑몰로 구축해 나갈 수 있습니다.

## 내 쇼핑몰 (모바일 화면)

[내 쇼핑몰] >[MOBILE 쇼핑몰]을 클릭하면 내 모바일샵 화면이 나오고 설정한 기능이 쇼핑몰에 잘 적용되었는지 확인할 수 있습니다.

메이크샵 관리자 화면 설명을
**유튜브 동영상**으로도 들을 수 있습니다!

# PART 2

# 쇼핑몰
# 기본 설정하기

쇼핑몰 가입 후 필수로 입력해야 하는 기본 설정을
함께 진행합니다. 고객에게 제공할 쇼핑몰 기본 정
보를 입력하고 운영시간과, 배송비 등에 대한 운영
관리 정책을 설정하는 부분입니다.

# 01 쇼핑몰 기본 정보 세팅하기

의무적으로 고객에게 알려야 하는 쇼핑몰 기본 정보를 입력하는 메뉴입니다. 거짓된 정보를 입력하여 노출할 경우 문제될 소지가 있는 항목이기에 **사업자등록증 정보 토대로 사실적인 내용을 기입**합니다.

## 사업자정보 & 통신판매신고증 등록

01  메이크샵 관리자 화면에서 [쇼핑몰 구축] >[쇼핑몰 기본 정보 설정] >[쇼핑몰 기본 정보 관리] 메뉴를 클릭합니다.

02  '사업자 정보'의 내용을 사업자등록증에 기재된 내용 그대로 입력합니다.

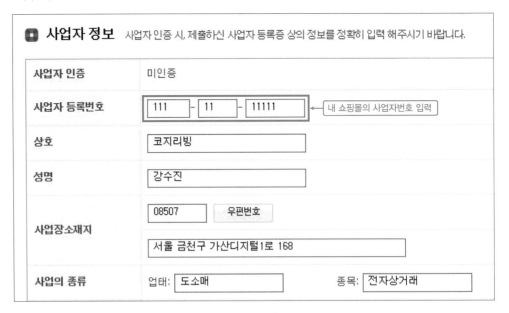

03  [찾아보기] 버튼을 클릭하여 'gif' 혹은 'jpg'의 이미지 파일로 된 사업자등록증 사본을 등록합니다. 페이지 하단의 [저장] 버튼을 클릭합니다.

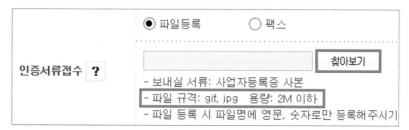

04  [내 쇼핑몰] >[PC 쇼핑몰]을 클릭하여 기본 정보가 쇼핑몰 하단에 반영된 것을 확인합니다.

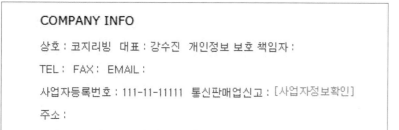

**유튜브 동영상**으로
'사업자정보'와 '통신판매신고증' 등록 방법을 확인하세요.

**TIP 통신판매신고번호 등록**

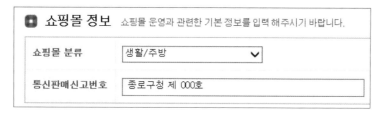

통신판매신고 후 메이크샵 관리자 페이지에서 쇼핑몰 분류와 통신판매신고번호를 등록할 수 있는 부분입니다. 통신판매업 신고 시 쇼핑몰의 도메인 주소와 호스트서버 소재지를 입력하는 부분이 있고, 결제 시스템 구축을 위해 필수로 선행되어야 하기 때문에 통신판매신고 방법에 대해서는 PART6에서 다루고 있습니다. 하지만 신고 시 주소, 호스트서버 소재지 입력이 필수 사항은 아니므로 쇼핑몰 구축 전 미리 통신판매신고 하여도 무방하며, 신고 전 에스크로(구매안전서비스)가 먼저 준비되어 있어야 하니 이 점 유의 바랍니다.

# 02 무료 디자인 스킨 세팅하기

메이크샵에서는 다양한 종류의 **디자인 스킨을 무료로 기본 제공**하고 있습니다. 각 디자인 스킨은 원하는 대로 얼마든지 수정하여 사용할 수 있으나 그 과정에서 HTML 코드를 활용해야 하므로 내가 원하는 결과물의 틀에 최대한 근접한 스킨을 선택해서 작업합니다. 그래야 디자인 수정을 비교적 적게 할 수 있습니다. 각 스킨을 둘러보며 우선적으로 고려해야 할 점은 쇼핑몰 전체의 가로 폭이 적당한지, 상품의 분류(카테고리)나 메뉴가 어느 위치에 노출되는지, 상품 이미지의 크기와 진열방식이 내 아이템과 적합한지 등의 큰 틀입니다.

##  무료 디자인 스킨 읽기

01

### basic-simple

메이크샵에 기본 적용 되어 있는 디자인 스킨으로, 메인 슬라이드 배너의 가로 폭이 넓은 것이 특징입니다. 분류 메뉴는 상단에 위치해 있고 상품 영역의 폭은 1100px, 한 줄 상품 수는 3개로 기본 설정된 스킨입니다.

02

### [FREE] MakeShop

상품의 대분류와 함께 중분류가 상단 메뉴에서 노출되는 특징이 있습니다. 중분류가 중요하거나 다양하여 고객에게 중분류 값을 바로 전달하고 싶을 때 이용하면 좋은 기본 스킨입니다.

03

### [FREE] XOXO

상단의 대분류 메뉴에 마우스 오버하면, 중분류가 노출되는 특징이 있습니다. 메인페이지의 배너 영역이 크기별 4개로 구분되어 있어 이벤트 등의 안내사항이 많을 때 다양하게 활용할 수 있습니다.

04

[D4] COCO

로고와 분류 메뉴가 상단이 아닌 왼쪽에 노출되는 것이 특징입니다. 왼쪽 메뉴는 중앙 화면 스크롤 이동 시 함께 이동하여 없어지는 것이 아니라 위치가 고정되어 보이는 방식입니다.

 **무료 디자인 스킨 세팅하기**

01  메이크샵 관리자 화면에서 [개별디자인] >[디자인 스킨 관리] >[디자인 스킨 선택] 메뉴를 클릭하고 'WIB_FREE02' 스킨의 [+추가하기] 버튼을 클릭합니다.

02  스킨 추가를 완료하면 '디자인 스킨 관리' 페이지로 이동합니다. '디자인 스킨 뱅크'의 추가된 스킨을 확인하고 [쇼핑몰 적용하기] 버튼을 클릭합니다.

**03** [내 쇼핑몰] >[PC 쇼핑몰]을 클릭하여 변경된 스킨을 확인합니다.

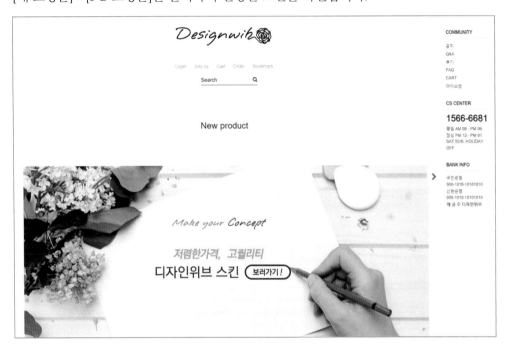

**유튜브 동영상**으로
메이크샵 디자인 스킨의 적용 방법을 배워봅니다.

# 쇼핑몰 정보 노출하기

이메일주소, 고객센터 연락처, 사무실 주소 등 고객응대에 필요한 정보를 설정합니다. 원하는 쇼핑몰 영역에 고객응대 정보를 노출하기 위해서는 HTML 코드 편집을 해야 하므로 편집 방법까지 이어서 알아보기로 합니다.

## 고객응대 정보 노출(하단)

**01** [쇼핑몰 구축] > [쇼핑몰 기본 정보 설정] > [고객응대 관련 정보] 메뉴를 클릭합니다.

**02** 이메일 주소, 전화번호, 주소, 팩스번호를 입력하고 [확인]을 클릭합니다.

### 고객응대 이메일

이메일 주소   choonjum88@naver.com   메일 신청하기 ▶

**❗ 알림** ∧
- 관리자 E-mail이므로 정확히 기입해 주시기 바랍니다.
- 메일신청시 기본적으로 help@상점 도메인 주소타입의 이메일을 제공해 드리고 있습니다. (3개)
- 기본메일은 20m 보조메일은 10m 각각 제공되며 휴지통 내용을 포함하여 용량이 찬경우 더이상 수신이 되지않습니다.

- 회원가입정보수집,이용 관리는 쇼핑몰구축 > 관리/개인정보처리능 관리 > 개인정보처리방침 관리 에서 할 수 있습니다.

### 고객 상담 전화번호

전화번호   02-111-1111

**❗ 알림** ∧
- 왼쪽메뉴의 하단과 모든 페이지의 하단, 모바일샵의 상점정보에 표시됩니다.
- 여러개를 입력시 콤마(,)를 입력하세요.

### 주소 및 안내

주소 입력   서울시 금천구 가산디지털1로 168

**❗ 알림** ∧
- 모든 페이지의 하단과 모바일샵의 상점정보에 표시됩니다.

### 모바일샵 추가정보

팩스번호   02-111-1111

**개인정보보호 책임자 노출(하단)**

01  [쇼핑몰 구축] >[약관/개인정보처리방침 관리] >[개인정보처리방침 관리] 메뉴를 클릭합니다.

02  '개인정보보호 책임자' 이름과 이메일 주소를 입력합니다.

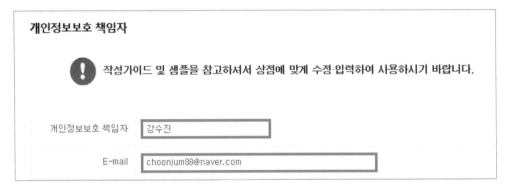

03  '회원 개인정보 수집·이용 관리'에서 '개인정보 제3자 제공', '개인정보 처리 위탁'의 체크를 해제하고 페이지 하단의 [저장]을 클릭합니다.

**회원 개인정보 수집·이용 관리**
체크 해제

사용여부 설정   ☑ 개인정보 수집·이용   ☐ 개인정보 제3자 제공   ☐ 개인정보 처리위탁   ☑ 광고성 정보 수신

**TIP**

'개인정보 제3자 제공', '개인정보 처리 위탁' 두 항목은 필수 항목이 아니기 때문에 여기서 해제하고 이용하지만 만약 이 두가지 항목을 이용하고 싶다면, '사용여부 설정'에서 체크한 뒤 해당 메뉴 아래에서 개인정보 수집 이용에 대한 목적, 항목, 보유기간의 정보를 상세하게 입력 해야 합니다.

04  내 쇼핑몰 하단 영역에서 입력한 정보를 확인합니다.

상호명:코지리빙   대표자:강수진   사업자번호:111-11-11111[사업자정보확인]
통신판매업신고:   주소:서울시 금천구 가산디지털1로 168
대표번호: 02-111-1111   팩스: 02-111-1111   개인정보책임자: 강수진   E-MAIL:choonjum88@naver.com
copyright 코지리빙 all rights reserved. hosting by Makeshop design by Designwib

 **PLUS➕**

고객응대 정보와 개인정보보호 책임자 설정 방법을 자세히 알고 싶으신 분들은 QR코드를 통해 접속해 주세요! **유튜브 영상**으로 확인 가능합니다!

**고객센터 & 은행계좌 정보 노출(사이드바)**

01 [개별디자인] >[디자인 스킨 관리] >[디자인 스킨 관리] 메뉴를 클릭한 후 [디자인 편집하기]를 클릭합니다.

02 사이드바 영역이 상단에 속하므로 편집 화면의 왼쪽 메뉴에서 [상단] >[기본 상단]을 클릭합니다.

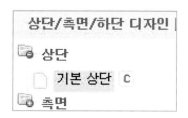

03 <!-- 사이드 바 -->의 아래쪽 정보를 확인합니다. 입력된 전화번호, 고객센터, 계좌정보를 수정하고 [저장]을 클릭합니다.

```
<!-- 사이드 바 -->
<div id="scroll-right">
        <div id="side-menu-wrap">
                <div class="side-menu">
             <p class="tit">COMMUNITY</p>
                        <div class="board-btn div-wrap">
                                <a href="#">공지</a>
                                <a href="#">Q&amp;A</a>
                                <a href="#">후기</a>
                                <a href="/shop/faq.html">FAQ</a>
                                <a href="<!--/link_basket/-->">CART</a>
                                <a href="<!--/link_mypage/-->">마이쇼핑</a>
                        </div>
                        <div class="side-cs-center div-wrap">
                                <p class="tit">CS CENTER</p>
                                <p class="tel">02-111-1111</p>
                                <p class="cont">
                                        평일 AM 10 - PM 06<br />
                                        점심 PM 12 - PM 01<br />
                                        SAT,SUN, HOLIDAY OFF
```

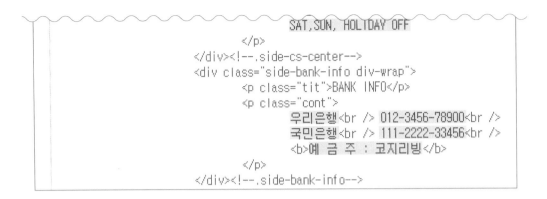

```
                                          SAT,SUN, HOLIDAY OFF
                                     </p>
                           </div><!--.side-cs-center-->
                           <div class="side-bank-info div-wrap">
                                <p class="tit">BANK INFO</p>
                                <p class="cont">
                                          우리은행<br /> 012-3456-78900<br />
                                          국민은행<br /> 111-2222-33456<br />
                                          <b>예 금 주 : 코지리빙</b>
                                     </p>
                           </div><!--.side-bank-info-->
```

**04** 전화번호의 입력 길이에 따라 폰트 사이즈 수정이 필요할 때는 [CSS] 탭을 클릭합니다.

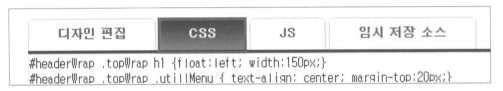

```
#headerWrap .topWrap h1 {float:left; width:150px;}
#headerWrap .topWrap .utillMenu { text-align; center; margin-top:20px;}
```

**05** 아래쪽 '사이드 메뉴' 부분에서 전화번호 항목의 '.tel'을 찾고, 'font-size'에 입력된 전화
번호 크기를 알맞게 수정하고 [저장] 버튼을 클릭합니다.

```
/* 사이드 메뉴 */
#scroll-right {position: fixed; z-index: 80;  top: 0; right:0px; background: #fff; height: 100%; width
#scroll-right a{line-height: 23px;}

.side-menu .div-wrap{display: block; margin-bottom: 30px;}
.side-menu .board-btn a{display: block;}

.side-menu .tit{color: #242424; font-size: 13px; pad                padding-bottom;   argin-bottom: 10px; border-bott
.side-menu .side-cs-center .tel{font-weight: 500; fo    font-size: 22px  : #000; padding-bottom: 3px;}
.side-menu .side-cs-center .cont{line-height: 19px;}     ;}
.side-menu .side-bank-info .cont{line-height: 19px;}
```

**06** 내 쇼핑몰의 오른쪽 사이드바에서 입력된 내용을 확인합니다.

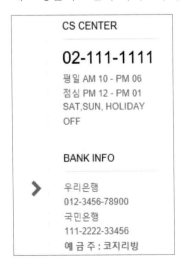

PLUS+

사이드바 노출 정보 편집과 CSS로 쉽게 폰트 사이즈 조정하는 방법이 알고 싶으신 분들은 QR코드를 통해 접속해 주세요! **유튜브 영상**으로 확인 가능합니다!

 **쇼핑몰명 노출과 메타태그 검색키워드 설정**

01 [쇼핑몰 구축] >[쇼핑몰 기본 정보 설정] >[쇼핑몰명/검색 키워드] 메뉴에서 쇼핑몰 이름을 입력합니다.

쇼핑몰 이름

| 이름 입력하기 | cozy living | (11/50) |

02 메타태그 검색 키워드 입력을 위해 아래 입력 예시를 드래그하여 복사하고 [확인] 버튼을 클릭합니다.

### 쇼핑몰 메타태그 검색 키워드

- 메타태그란 웹 페이지의 표현에 영향을 주지 않으면서 웹 페이지 정보 또는 담고 있는 내용과 같은 정보 있도록 하는 태그입니다.

- 디자인 시즌4 에서는 메타태그 검색 키워드 입력을 디자인 스킨 편집창 "디자인 환경설정"에서 입력하여 개별 디자인 > 디자인 스킨 관리 > 내 쇼핑몰 디자인 스킨 편집하기 버튼을 클릭하여 편집창을 띄우신 Meta Tag 입력 부분에 검색 키워드 메타태그를 입력해주세요.

입력 예) <meta name="keywords" content="키워드1, 키워드2, 키워드3"> ← [Ctrl+C], 복사하기

03 [개별디자인] >[디자인 스킨 관리] >[디자인 스킨 관리] 메뉴를 클릭하고 내 쇼핑몰의 [디자인 편집하기] 버튼을 클릭합니다.

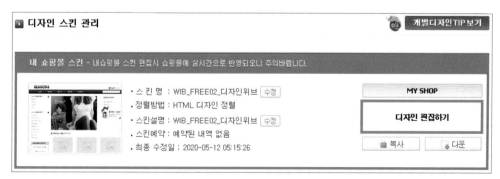

**04** 편집 화면의 [디자인 환경 설정] 메뉴에서 'Meta Tag 입력' 창에 복사한 키워드 예시를 붙여넣기 하고 키워드를 내 쇼핑몰의 키워드에 맞게 수정합니다.

**05** [저장] 버튼을 클릭하고 내 쇼핑몰에서 확인합니다. 웹페이지의 제목 표시줄에 쇼핑몰명이 적용된 것을 볼 수 있습니다.

**06** 메타태그 검색 키워드는 쇼핑몰 화면에 노출되는 것은 아니므로 쇼핑몰 화면의 빈 배경에서 마우스 우클릭을 하고 [소스 보기]를 눌러 확인합니다.

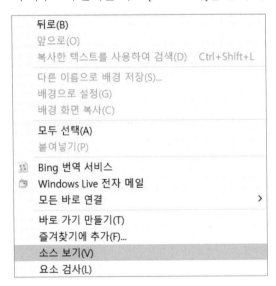

**07** 웹페이지의 코드를 보여주는 부분에 키워드가 입력된 것을 확인할 수 있습니다.

메타태그는 검색엔진에서 검색되기 위해 웹페이지 색인정보의 키워드를 작성하는 것입니다. 내 쇼핑몰의 정보를 표현할 수 있는 키워드를 작성하면 HTML 문서의 HEAD 부분에 기록되며 추후 검색엔진에서 색인작업 시 키워드 정보로 제공됩니다. 즉 검색 결과에 반영하여 쇼핑몰 노출에 유리하게 해주므로 반드시 입력하는 것이 좋습니다.

메타태그 검색 키워드를 추출할 때는 판매 아이템, 판매 아이템의 분류, 쇼핑몰의 콘셉트와 타겟을 고려하여 관련 키워드를 뽑을 수 있습니다. **키워드를 작성할 때에는 한글의 문법을 따르는 것이 아니라 태그(TAG)로 작성이 되기 때문에 콤마 앞 뒤로 공백 없이 작성해야 합니다.**

예) 여성의류, 원피스, 오피스룩, 30대여성의류쇼핑몰

# 04 쇼핑몰 운영 & 관리 기능 세팅하기

적립금, 배송비 조건 등 쇼핑몰 회원 및 배송 관리를 위해 필요한 기본적인 기능을 설정합니다. 단골고객을 만들기 위해서는 회원가입 시, 혹은 구매 시 일정의 적립금을 지급하는 것이 좋으므로 쇼핑몰 구축 단계 시 꼭 설정을 해주기 바랍니다.

## 적립금 설정

01  [쇼핑몰 구축] >[쇼핑몰 관리 기능 설정] >[회원 적립(예치)금/쿠폰] 메뉴를 클릭합니다.

02  '상품 등록 적립금 설정'에서 '1%'를 입력하고 '를 원단위로 계산해서'를 선택합니다. 이는 상품 구매 시 회원에게 구매금액에 비례한 적립금을 줄 수 있도록 설정하는 것으로, 각 상품 등록 시 세팅한 적립금액(1%)이 자동으로 입력됩니다.

03  스크롤 바를 내려 '적립금 적용 기준' 메뉴에서 회원 가입 시 제공하는 축하 적립금을 입력합니다. 페이지 하단의 [확인] 버튼을 클릭하고 적용합니다.

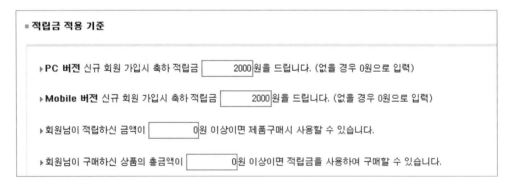

**04** 내 쇼핑몰에서 회원가입을 하면 적립금이 지급되는 것을 확인할 수 있습니다.

 적립금 설정 방법을 자세히 알고 싶으신 분들은 QR코드를 통해 접속해 주세요!
**유튜브 영상**으로 확인 가능합니다!

## 배송비 책정

**01** [쇼핑몰 구축] > [쇼핑몰 운영 기능 설정] > [상품 배송 관련 조건] 메뉴를 클릭합니다.

**02** '기본 배송비' 설정을 '조건 배송비'로 체크하고 무료배송 할 최소 금액과 배송비를 입력합니다. 페이지 하단의 [확인] 버튼을 클릭하여 적용합니다.

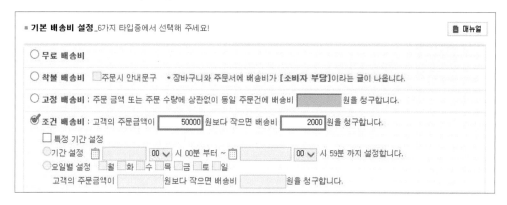

**03** 설정한 조건 주문금액 보다 적은 금액을 주문 시 배송비가 추가되는 것을 확인할 수 있습니다.

 배송비는 판매 아이템의 특성과 가격, 배송전략, 실제 발생하는 배송비 등을 고려하여 책정해야 합니다.

- **무료 배송비:** 실제 발생하는 모든 배송비용을 자사에서 부담하게 되므로 상품의 원가와 판매가를 잘 고려하여 정하는 것이 좋습니다.
- **착불 배송비:** 고객이 배송을 받으면서 배송비를 배송사에 직접 지불하는 방식으로, 배송절차의 번거로움 때문에 흔히 쓰지는 않습니다. 물품을 고객이 직접 수령해야 한다거나, 택배가 아닌 운송 배송방법을 이용하는 가구 등의 아이템에서 많이 선택하는 방식입니다.
- **고정 배송비:** 주문 금액, 수량 등에 상관없이 일괄의 배송비를 주문 시 청구하는 방식입니다.
- **조건 배송비:** 쇼핑몰에서 가장 흔히 쓰는 방식으로, 주문 금액에 따라 배송비를 달리 청구하는 방식입니다. 특정 금액 이하는 대체로 2,000~3,000원 정도의 배송비를 청구, 특정 금액 이상 주문 시 무료배송으로 전환됩니다. 고객의 1회 주문 금액을 자사에서 설정한 특정 금액 이상으로 유도할 수 있는 방법이기도 합니다.

**PLUS+** 배송비 설정 방법을 자세히 알고 싶으신 분들은 QR코드를 통해 접속해 주세요!
**유튜브 영상**으로 확인 가능합니다!

## 결제계좌 입력

**01** [쇼핑몰 구축] >[쇼핑몰 운영 기능 설정] >[쇼핑몰 결제 관련 조건] 메뉴를 클릭합니다.

**02** '무통장 입금 시 결제계좌 관리'에서 주거래 은행을 선택하고 계좌번호와 예금주를 입력합니다. [신규 계좌 입력] 버튼을 클릭하여 등록합니다.

**03** 계좌정보가 더 있다면 추가하여 입력할 수 있습니다. 등록 방법은 동일합니다.

**04** 단, 예금주나 계좌에 대한 정보 변경은 메이크샵 고객센터에서 운영자 정보를 확인 후 수기처리 되므로, 후에 고객센터의 '1:1 문의'에 접수하여 수정할 수 있습니다.

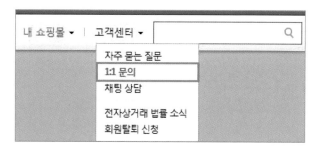

**05**  내 쇼핑몰의 주문 페이지에서 설정한 계좌정보를 확인할 수 있습니다.

무통장 입금 결제계좌 정보 설정에 대해 자세히 알고 싶으신 분들은
QR코드를 통해 접속해 주세요! **유튜브 영상**으로 확인 가능합니다!

# 05 신이미지뱅크 신청하기

내 쇼핑몰에 특정 이미지를 노출하기 위해서는 이미지를 웹상에 업로드하여 저장해 놓을 공간이 필요합니다. 용량 당 서비스를 유료 구매하여 쓰는 부분이지만, **메이크샵은 기본적인 용량을 무료제공 하고 있기 때문에 해당 서비스를 가입하여 제공받을 수 있습니다.** 신이미지뱅크 공간은 주로 상품의 상세설명 이미지를 업로드 하여 관리할 때 이용하는데, **상세 이미지를 수동으로 관리하지 않고 자동 업로드 해 주는 '쉬운 FTP' 기능을 이용하기 위해서는 신이미지뱅크 서비스 가입이 사전에 필수입니다.**

01  [상품 관리] >[新 이미지뱅크] >[이미지뱅크 신청] 메뉴에서 [무료 가입하기] 버튼을 클릭합니다.

02  서비스 가입이 완료되면 이미지뱅크에 이미지를 업로드 및 다운로드 할 수 있는 FTP 프로그램을 다운로드 하여 접속합니다. [상품 관리] >[新 이미지뱅크] >[이미지뱅크 관리] 메뉴를 클릭하고 '신이미지뱅크 파일 관리'의 [BEE FTP 접속] 버튼을 클릭합니다.

**03** 'BEE FTP 다운로드' 창이 뜨면 [BEE FTP 다운로드] 버튼을 클릭합니다.

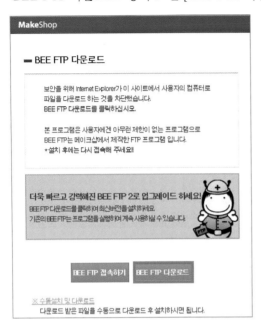

**04** 프로그램 다운로드와 함께 실행 절차를 진행하고, BEE FTP 프로그램이 실행되면 [접속하기]를 클릭하여, 접속 계정을 생성하고 [연결] 버튼을 클릭합니다.

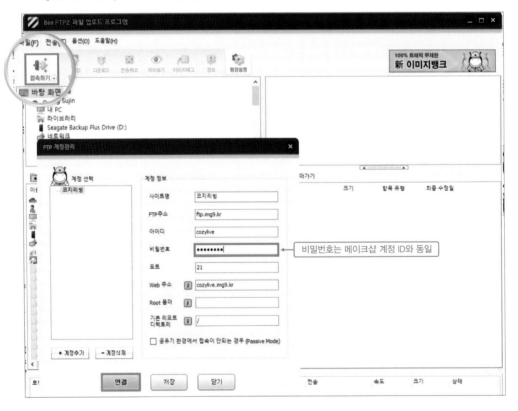

MAKESHOP

**M**

# PART 3

# 쇼핑몰
# 상품 등록하기

쇼핑몰에서 판매할 상품을 등록하기 위해 상품분류
타입에 대해 알아보고 기본적인 상품 정보와 함께
상품을 등록 & 노출하여 관리하는 방법에 대해 알
아 봅니다.

# 상품 분류 등록하기

상품을 등록하기 위해서는 분류를 먼저 생성해야 합니다. 각 상품을 등록하기 위한 분류를 '기본분류'라고 칭하고 이는 필요에 따라 중분류, 소분류의 하위분류를 생성할 수 있습니다. 그리고 상품을 더욱 효과적으로 진열하기 위한 분류로 '가상분류'를 이용할 수 있습니다. 기본분류에 등록된 상품을 특성에 따라 재분류하여 보여줄 수 있는 기능으로, 많이 쓰이는 가상분류의 예시는 'BEST', 'NEW', 'SALE', '제작상품', '당일발송' 등이 있습니다. **쉽게 기본분류에 등록된 상품을 '복사'하여 가상분류에 '재진열' 한다고 생각하면 됩니다.**

## 🛍 상품분류 개념

분류를 생성하기 전, 내 아이템에 맞는 분류를 타 사이트 및 시장 분석을 통하여 미리 계획하여 봅니다. 한 분류 내의 상품 개수가 적은 경우는 중분류를 나누는 것을 권장하지 않으며, 판매 아이템에 따라 가상분류를 이용하여 상품을 더욱 효과적으로 진열할 수 있는 분류 방법에 대해 고민해 봅니다. 여기에서는 다음과 같은 계획으로 분류를 생성해 보겠습니다.

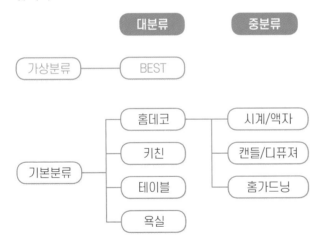

PLUS➕

상품분류 타입에 대한 자세한 설명이 필요하신 분은 QR코드를 통해 접속하세요!
**유튜브 영상**으로 확인할 수 있습니다.

# 하위분류가 있는 기본분류 만들기

01  [상품 관리] >[판매 상품 기본 관리] >[상품분류 등록/수정/삭제] 메뉴를 클릭합니다.

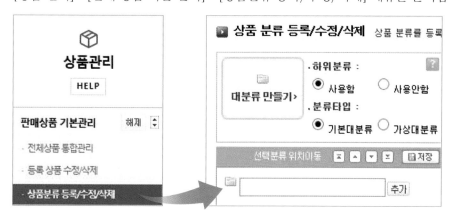

02  '하위분류'를 '사용함', '분류타입'을 '기본대분류'로 체크하고 [대분류 만들기]를 클릭합니다. 아래 '대분류명 입력'란에 '홈데코'를 입력하고 [추가] 버튼을 클릭합니다.

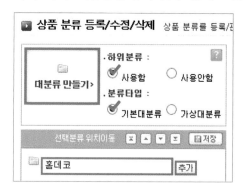

03  아래 '중분류명' 입력란이 생기면 '시계/액자'를 입력한 뒤 [추가]를 클릭합니다.

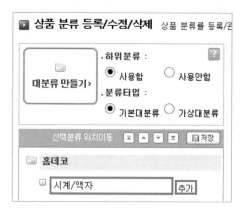

**04** 소분류가 필요하지 않고, 중분류를 하나 더 생성할 때는 대분류명인 '홈데코'를 클릭합니다. '중분류명' 입력란이 생성되면 중분류명 '캔들/디퓨져'를 입력하고 [추가] 버튼을 클릭합니다.

**05** 세 번째 중분류인 '홈가드닝'도 동일한 방법으로 생성합니다.

## 하위분류가 없는 기본분류 만들기

01  '하위분류'를 '사용안함', '분류타입'을 '기본대분류'로 체크하고 [대분류 만들기]를 클릭
합니다. 대분류명 입력란에 '키친'을 입력하고 추가합니다.

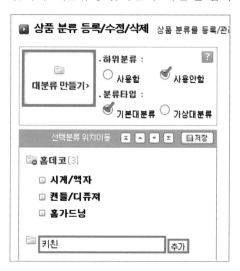

02  [대분류 만들기]를 클릭하고 다음 대분류를 생성합니다. 이와 동일한 방법으로 '테이블',
'욕실' 분류를 생성합니다.

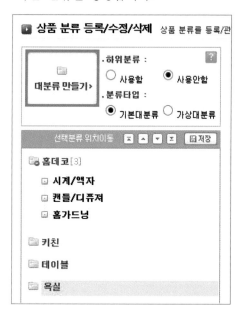

01 '하위분류'를 '사용안함', '분류타입'을 '가상대분류'에 체크하고 [대분류 만들기]를 클릭합니다. 'BEST' 분류명을 입력하고 추가합니다.

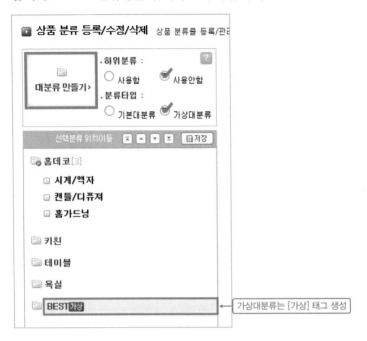

02 분류의 순서를 이동하기 위해서는 'BEST' 분류를 드래그 앤 드롭하여 '홈데코' 상단으로 배치 한 뒤 [저장]을 하여 쇼핑몰에 반영합니다.

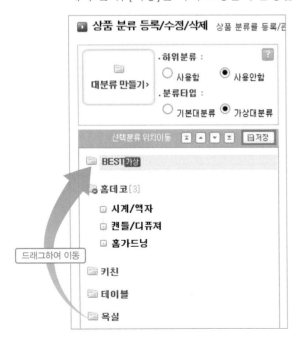

**03** 내 쇼핑몰로 이동하여 적용된 분류를 확인합니다.

**04** 상품 분류 설정 중 '하위분류'와 '분류타입'의 설정은 수정이 불가하므로, 잘못 생성했을 때는 해당 분류를 삭제하고 다시 만들어야 합니다. 삭제하려는 분류명을 클릭하고 스크롤 바를 내려 아래 [X선택분류 삭제] 버튼을 클릭하면 삭제가 가능합니다.

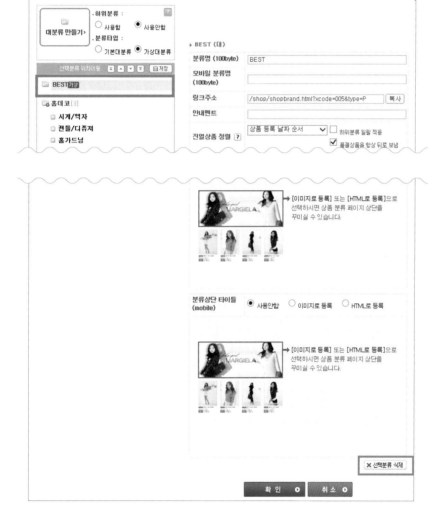

 상품분류 등록 방법을 자세히 알고 싶으신 분들은 QR코드를 통해 접속해 주세요! **유튜브 영상**으로 확인 가능합니다!

# 02 상품 이미지 준비하기

상품 이미지는 적용한 디자인 스킨에 따라 노출되는 비율과 크기, 한 줄에 진열되는 개수 등이 상이합니다. 그렇기 때문에 바로 이미지를 준비하기 보다는 테스트 상품을 미리 등록하여 노출되는 이미지 정보 혹은 스킨 미리보기를 통한 상품 이미지 정보를 확인하고 그에 맞는 사이즈의 이미지를 준비할 것을 권장합니다. 여기서는 포토샵 프로그램을 이용하여 이미지를 준비해 보겠으며, 실습 이미지는 [이미지] >[상품원본] 폴더에서 불러옵니다.

##  상품 이미지 비율 및 크기 조절하기

**01** [개별디자인] >[디자인 스킨 관리] >[디자인 스킨 선택] 메뉴를 클릭합니다.

**02** 내 쇼핑몰에 적용했던 스킨 'WIB_FREE02'의 [미리보기] 버튼을 클릭합니다.

**03** 메인 화면의 상품 이미지 위에서 마우스 우클릭 하여 [속성] 메뉴를 클릭합니다. 이미지 픽셀 크기가 '280 × 280' 픽셀로 1 : 1 비율인 것을 확인하고, 미리보기 창을 닫습니다. 준비할 상품의 이미지 역시 1 : 1 비율이며, 이미지 사이즈는 상품 등록 시 가장 큰 이미지가 필요한 '확대 이미지'의 기준에 맞추어 '500 × 500' 픽셀로 편집하여 준비합니다. 그러면 이미지의 깨짐 현상 없이 이용할 수 있습니다.

**04** 포토샵 프로그램을 실행하고 [파일] >[열기]를 클릭한 뒤 이미지를 불러옵니다.

| 이미지 파일 | 우드원형벽시계.jpg |
| --- | --- |

**05** 왼쪽에서 자르기(Crop) 도구를 클릭하고 상단 옵션바에서 'W×H×해상도' 설정을 선택한 뒤 가로폭과 세로높이, 해상도를 각각 '500픽셀(px)', '500픽셀(px)', '72'로 설정합니다.

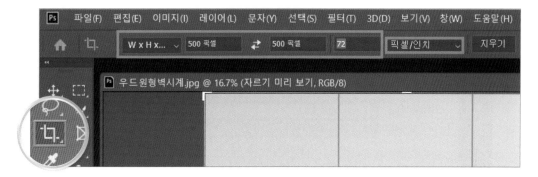

**06** 이미지에 정사각형의 프레임이 생성되면 프레임 가장자리를 드래그로 조절하여 잘라낼 부분을 설정합니다.

**07**  설정이 완료되면 엔터, 혹은 프레임 안쪽을 더블클릭하여 적용합니다.

**08**  [파일] >[다른 이름으로 저장]을 클릭하여 파일 이름을 원본과 다르게 입력합니다. 확장자를 'JPEG'로 선택하고 [저장] 버튼을 클릭합니다.

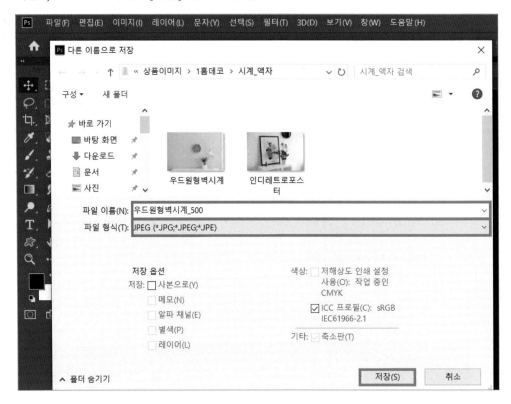

## 상품 이미지의 종류

상품을 하나 등록하기 위해서는 다음과 같이 권장 크기에 따른 총 세 종류의 이미지를 준비합니다. 여기에서는 세 종류의 이미지 모두 동일한 사진으로 등록하지만, 필요에 따라 세 종류의 이미지를 모두 다른 사진으로 등록할 수 있고, 그 때는 각각 노출되는 쓰임을 참고하여 이미지를 알맞게 준비합니다. 각 이미지의 쓰임은 명칭으로 유추할 수 있으나 주로 노출되는 쓰임을 말하는 것이지 고정적인 의미가 아닙니다. 이미지는 크기별로 'S/M/L'의 코드가 매겨져 있으며 노출하고자 하는 곳에 코드를 적용할 수 있습니다.

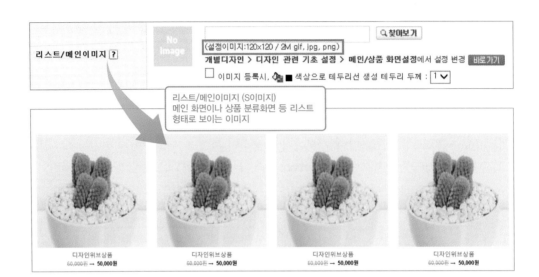

리스트/메인이미지 ?

(설정이미지:120x120 / 2M gif, jpg, png)

개별디자인 > 디자인 관련 기초 설정 > 메인/상품 화면설정에서 설정 변경 바로가기

☐ 이미지 등록시, ■ 색상으로 테두리선 생성 테두리 두께 : 1 ▼

리스트/메인이미지 (S이미지)
메인 화면이나 상품 분류화면 등 리스트
형태로 보이는 이미지

디자인위브상품
60,000원 → 50,000원

디자인위브상품
60,000원 → 50,000원

디자인위브상품
60,000원 → 50,000원

디자인위브상품
60,000원 → 50,000원

# 03 상품 등록하기

'판매 상품 신규 등록' 메뉴에서는 상품에 따라 설정하여 쓸 수 있는 옵션 항목이 매우 많이 제공되고 있습니다. 이는 모두 필수로 입력해야 하는 사항은 아니며, 기본적인 항목으로만 상품 등록한 후 필요에 따라 '등록 상품 수정/삭제' 메뉴에서 추가 입력하여 사용 할 수 있습니다. 여기에서는 기본 입력 사항에 대해 알아보고 각 분류별 상품 한 개씩을 등록해 보겠습니다. PG(통합결제시스템) 심사 이전에 세팅해야 하는 상품의 개수가 최소 5개 이상이므로, 각 분류별 이에 알맞은 상품 수로 준비하여 등록합니다. [이미지] >[상품 이미지] 폴더에 편집이 완료 된 이미지가 있으니 등록 실습에 이용하도록 합니다.

##  등록할 상품 정보

■ 상품 리스트

| 대분류 | 중분류 | 상품명 |
|---|---|---|
| 홈데코 | 시계/액자 | 우드 원형 벽시계 |
| | 캔들/디퓨저 | 아로마 필라 캔들 |
| | 홈가드닝 | 블랙 중형 화분 |
| 키친 | - | 라운드 나무 도마 |
| 테이블 | - | 디저트 커트러리 |
| 욕실 | - | 마블 비누받침 |

■ 등록 상품 필수 입력 사항

• 기본 상품명
• 판매 가격
• 재고 개수 설정
• 상품 분류 설정
• 상품 이미지 등록

01  [상품 관리] > [판매 상품 기본 관리] > [판매 상품 신규 등록] 메뉴를 클릭합니다.

02  '기본 상품명'을 입력합니다.

03  '가격 설정' 부분의 '판매 가격'을 입력합니다. '소비자 가격'은 상품에 책정된 소비자 가격이 판매 가격과는 상이할 때 입력하는 부분으로 쇼핑몰에는 취소줄이 표시되며 노출됩니다. 입력을 원치 않을 때는 기본값인 '0'을 입력합니다.

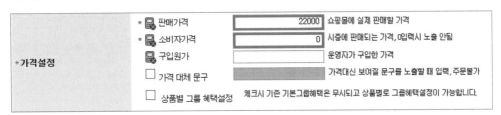

04  재고를 알맞게 입력합니다. 기본 설정은 '무제한'으로, '품절'로 상품 재고를 수정하기 전까지 계속 주문받을 수 있습니다. 특정 수량을 입력하면 수량만큼 주문건이 발생하였을 때, 자동으로 상품이 품절처리가 되며 고객이 구매할 수 없도록 설정됩니다.

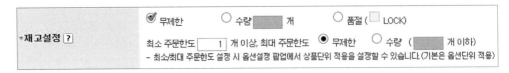

**05** [등록할 분류 선택창]을 클릭하고 대분류인 '홈데코'를 클릭, 중분류인 '시계/액자'를 더블클릭합니다.

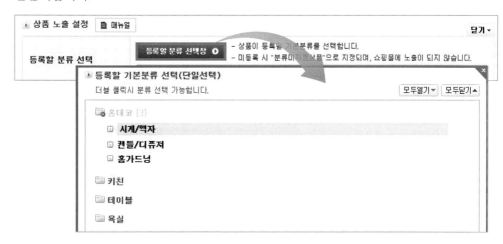

**06** '확대 이미지'의 [찾아보기]를 클릭하여 이미지를 등록하고 바로 아래 '확대 이미지로 상세, 리스트 이미지 자동 생성'에 체크합니다. 상세 이미지와 리스트 이미지 모두 확대 이미지와 동일한 것을 사용할 때 체크합니다.

**07** 페이지 하단의 [상품 등록] 버튼을 클릭하면 상품 등록이 완료됩니다. 이와 동일한 방법으로 각 분류에 상품을 등록 한 뒤, 내 쇼핑몰에서 분류를 클릭하고 등록된 상품을 확인합니다.

상품 등록 방법을 자세히 알고 싶으신 분은 QR코드로 접속하세요!
**유튜브 영상**으로 확인 가능합니다!

# 상품 상세 정보 이미지 등록하기

상품의 상세 정보 부분에는 상품에 대한 자세한 설명과 그에 따른 이미지를 등록합니다. 상품 정보를 효과적으로 전달하기 위해 상세 정보 이미지의 내용을 기획하여 모든 상품을 동일한 흐름으로 설명하고 보여주는 것을 권장합니다. 상세 정보 이미지는 실습 이미지의 'detail.jpg' 파일을 준비합니다.

## 상품 상세 정보 이미지 등록하기

01 [상품 관리] >[판매 상품 기본 관리] >[등록 상품 수정/삭제] 메뉴를 클릭합니다.

02 '홈데코' 대분류의 '시계/액자' 중분류를 클릭하고 상세 이미지를 등록 하려는 '우드 원형 벽시계' 상품의 [수정] 버튼을 클릭합니다.

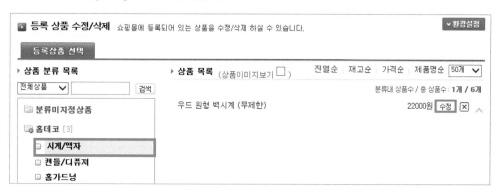

**03** '상품 상세 직접 입력 [편집창]'에서 '쉬운 FTP'를 클릭하고 파일을 선택합니다.

**04** 입력창에 노출 된 이미지를 클릭하여 선택하고, 가운데 정렬 버튼을 클릭합니다. 페이지 하단의 [수정하기] 버튼을 클릭하여 완료합니다.

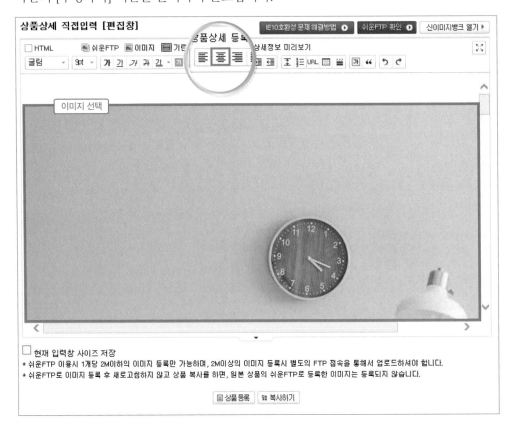

**05** 내 쇼핑몰에서 '우드 원형 벽시계' 상품을 클릭하고 상품 상세 화면에서 스크롤 바를 내려 등록된 상세 이미지를 확인합니다. 다른 상세 이미지 역시 동일한 방법으로 등록할 수 있습니다.

 상품 상세 이미지 등록 방법을 영상으로 확인하고 싶으신 분은 QR코드로 접속하세요. **유튜브 영상**으로 확인 가능합니다!

**상품 상세 정보 이미지 관리하기 (BEE FTP 이용)**

상세 정보로 등록한 이미지는, 나의 '이미지뱅크'에 자동으로 업로드 되어 있습니다. 이미지뱅크의 무료 제공 용량에 제한이 있고, 더 필요할 때 유료 결제하여 이용해야 하므로 더 이상 사용하지 않는 상품 상세 이미지가 있다면 'BEE FTP'를 통해서 이미지를 삭제 하거나 관리하면서 이용합니다.

**01** [상품 관리] >[新 이미지뱅크] >[이미지뱅크 관리] 메뉴로 이동합니다. [BEE FTP 접속] 버튼을 클릭하여 프로그램을 실행합니다.

**02** 접속 계정을 통해 접속하고 나면 오른쪽 상단의 폴더 구조를 클릭하고, 아래쪽에서 그 위치에 등록된 파일을 확인할 수 있습니다. 이미지 위에서 우클릭하여 다운로드, 삭제, 이름 바꾸기 등의 관리가 가능합니다.

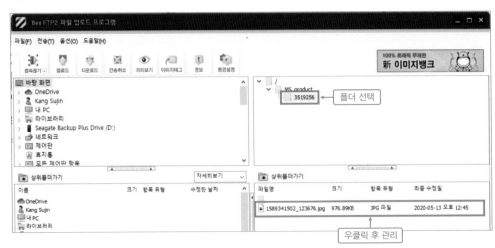

# 05 상품 공통 정보 등록하기

상품 공통정보란 전 상품에 동일하게 해당되는 정보를 한 번의 적용으로 노출할 수 있는 기능입니다. 배송, 환불, 반품 등에 대한 내용을 주로 포함하며 텍스트, 이미지, HTML 세 가지 방법으로 등록 할 수 있습니다.

 **상품 공통정보 등록하기**

01    [개별디자인] >[디자인 부가 설정] >[상품 상세 공통정보 입력] 메뉴를 클릭합니다.

**02** '이미지로 공통정보 입력'에 체크하고 [찾아보기]를 눌러 'common_detail.jpg' 실습 파일을 등록합니다. 바로 아래의 [저장하기] 버튼을 클릭하여 설정을 완료합니다.

**03** 내 쇼핑몰에서 '우드 원형 벽시계' 상품을 클릭하고 확인하면 '공통정보'가 상품 상세 정보의 위에 위치한 것을 확인할 수 있습니다.

상품 공통 정보 등록 방법을 영상으로 확인하고 싶으신 분은
QR코드로 접속하세요. **유튜브 영상**으로 확인 가능합니다!

**상품 공통 정보의 노출 위치 바꾸기**

**01** 공통 정보를 상세 정보의 아래에 노출하기 위해 메뉴로 이동합니다. [개별디자인] > [디자인 스킨 관리] > [디자인 스킨 관리] 메뉴에서 [디자인 편집하기]를 눌러 편집 화면을 엽니다.

**02** 편집 화면의 왼쪽에서 편집할 페이지를 선택합니다. [상품관련] > [상품 상세 페이지] > [기본 상세 페이지] 메뉴를 클릭합니다.

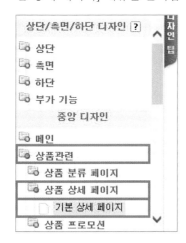

**03** [Ctrl + F]를 눌러 브라우저의 문자열 찾기를 열고 'detail_common'을 입력하고 엔터키를 칩니다. 공통 정보에 대한 코드가 찾아지고, 그 아래 상세 정보에 대한 코드도 함께 보입니다.

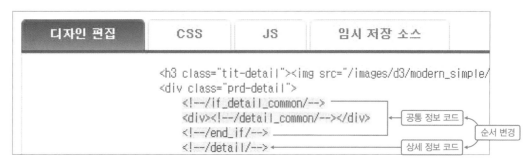

**04** '상품 상세 정보'에 대한 코드를 드래그하여 잘라내고 앞의 공통 정보 태그 위로 붙여넣기 하여 노출 순서를 수정합니다. 페이지 하단의 [저장] 버튼을 클릭합니다.

```
상세 정보 코드 ──→ <!--/detail/-->
                    <!--/if_detail_common/-->
공통 정보 코드 ──→ <div><!--/detail_common/--></div>
                    <!--/end_if/-->
```

**05** 내 쇼핑몰의 '우드 원형 벽시계' 상품에서 결과값을 확인합니다.

brown
우드 원형 벽시계 - 숫자형

재질 : PVC/유리/무브먼트
원형지름 : 30cm
중량 : 300g
건전지 : AA한개(미포함)

mint
우드 원형 벽시계 - 심플형

재질 : PVC/유리/무브먼트
원형지름 : 28cm
중량 : 250g
건전지 : AA한개(미포함)

공통 정보 위치 변경

교환-반품 안내 / EXCHANGE-RETURN

- 교환 / 반품시 제품과함께 동봉된 반품 신청서를 작성하여 함께 보내주세요.
- 반품 문의 사항과 반품 주소지는 제품과 함께 동봉된 반품 신청서를 참고 해주세요.
- 불량 및 오배송의 경우, 주문하신 동일한 상품과 옵션으로만 교환이 가능합니다.
- 컬러, 사이즈 등 단순변심으로 교환시 2,500원 배송료가 발생됩니다.

PLUS➕

공통 정보 노출 위치를 변경하는 방법을 자세히 알고 싶으신 분들은 QR코드를 찍어 접속합니다. **유튜브 영상** 2:07부터 확인 가능합니다!

# 상품 옵션 설정하기

06

상품의 사이즈, 색상, 세트상품 등 상품 구매 시 필수 혹은 선택으로 지정해야 할 옵션 항목을 추가합니다. 옵션 항목별 무료 혹은 부가 금액 등 개별 가격 책정이 가능합니다.

01 [상품 관리] > [판매 상품 기본 관리] > [등록 상품 수정/삭제] 메뉴를 클릭합니다. 옵션을 등록할 상품이 있는 분류를 클릭하고, 상품명 오른쪽의 [수정] 버튼을 클릭합니다.

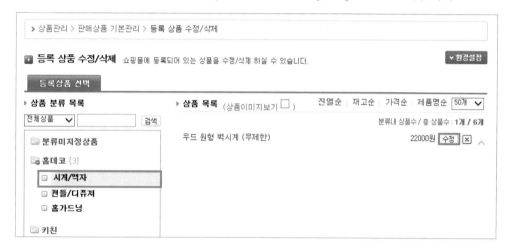

02 '기본 옵션 설정'에서 '사용함'에 체크하고 [옵션등록/수정] 버튼을 클릭합니다.

03 옵션창에서 [+] 버튼을 클릭하여 옵션 항목을 추가합니다.

**04** '선택형'을 선택하고, 옵션 개수는 '1'을 선택합니다. 그리고 옵션 필수에 체크한 뒤 [추가하기] 버튼을 클릭합니다(여기에서는 시계 색깔 옵션만 지정하므로 옵션 개수가 한 개입니다).

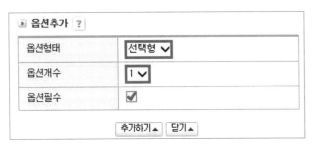

**05** 옵션명에 '색상', 옵션값에 고객이 선택 할 옵션값을 콤마( , )로 구분하여 띄어쓰기 없이 입력합니다. 옵션 가격은 옵션 선택에 따라 판매 가격에서 변동이 없다면 0으로 입력하는데, 옵션값의 개수와 옵션 가격의 개수가 일치해야 하므로 '0,0'을 입력합니다. 페이지 아래 스크롤을 내려 [조합없이 옵션 적용] 버튼을 클릭합니다.

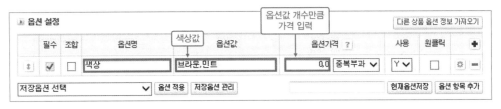

**06** 상품 수정 페이지로 돌아와서 페이지 아래 [수정하기] 버튼을 클릭한 뒤, 내 쇼핑몰에서 옵션을 확인합니다. '우드 원형 벽시계' 상품에 색상 옵션이 추가된 것을 확인할 수 있습니다.

상품에 옵션 항목을 설정하는 방법을 자세히 알고 싶으신 분들은 QR코드로 접속하세요. **유튜브 영상**으로 확인 가능합니다.

# 07 상품 진열하기

메인 화면 혹은 분류 화면 등에 노출되는 상품의 진열 기능을 설정하여 관리합니다. 메인에 진열되는 상품에 따라 소비자들의 이탈율, 클릭수가 달라지기 때문에 소비자들이 관심있어 할 만한 혹은 판매 개수를 늘려야 하는 상품을 전략적으로 진열합니다. 또한 가상대분류에 일괄적인 상품을 등록, 진열 관리할 수도 있습니다.

## 가상분류에 상품 진열하기

01 [상품 관리] > [상품 관리 부가기능] > [가상분류(테마몰) 등록] 메뉴로 이동하고 '가상분류 (테마몰) 관리'에서 'BEST' 분류를 클릭합니다.

02 아래 '복사 상품 선택'에서 분류 '홈데코'를 클릭하고 '1.대분류전체'를 선택합니다.

**03** 복사하여 가상분류에 등록할 상품명 앞에 체크하고 [선택 상품 가상분류로 복사하기] 버튼을 클릭합니다.

| 선택 | 상품명 | 제조사 | 수량 | 진열 | 가격 |
|---|---|---|---|---|---|
| ☑ | 블랙 중형 화분 [새창] | 등록일: 2020/05/13 (11:41) | 무제한 | Y | 8,000 |
| ☑ | 아로마 필라 캔들 [새창] | 등록일: 2020/05/13 (11:41) | 무제한 | Y | 12,000 |
| ☑ | 우드 원형 벽시계 [새창] | 등록일: 2020/05/13 (12:45) | 무제한 | Y | 22,000 |

☐ page 전체 상품 선택
☐ 원본 상품의 진열순서대로 등록 (상품 등록/수정일이 동일한 상품이면 진열순서가 다를수 있음)
▪ 가상분류에 복사할 상품을 선택하시기 바랍니다.

[🔂 선택상품 가상분류로 복사하기]

**04** 동일한 방법으로 모든 상품을 'BEST' 분류로 복사하고, 내 쇼핑몰에서 적용 사항을 확인합니다.

BEST  홈데코  키친  테이블  욕실    Search 🔍

**BEST**

Total 6 ea                                                    낮은가격  높은가격  제품명

마블 비누받침          디저트 커트러리          라운드 나무 도마          블랙 중형 화분
9,800원              11,000원               11,000원               8,000원

아로마 필라 캔들         우드 원형 벽시계
12,000원              22,000원

PLUS➕ 영상으로 가상분류에 상품 진열하는 방법을 알고 싶으신 분은 QR코드로 접속하세요. **유튜브 영상**으로 확인할 수 있습니다.

**메인 화면 상품 진열하기**

01 메인 화면의 'NEW PRODUCT'와 'SPECIAL PRODUCT' 영역에 상품 진열을 하기 위해 [상품 관리] >[상품 진열 관리] >[메인 화면 상품 진열] 메뉴를 클릭합니다.

02 상품 진열 화면에서 왼쪽은 진열하려는 상품을 다수 선택하여 일괄 진열할 수 있는 영역이고, 오른쪽은 개별 상품을 선택하여 진열하는 영역입니다. 메인에 진열할 상품이 많으면 왼쪽 영역에서, 진열 상품이 많지 않으면 오른쪽 영역에서 설정합니다. 상단의 [PC] 버튼을 클릭하면 '모바일'로 설정 변경이 가능하니, 추후 참고하여 이용하면 됩니다. 여기서는 진열 상품이 많지 않으니 오른쪽 '메인 특별 영역'의 '+'에 마우스를 오버하여 '상품추가'를 클릭합니다.

<왼쪽 영역>

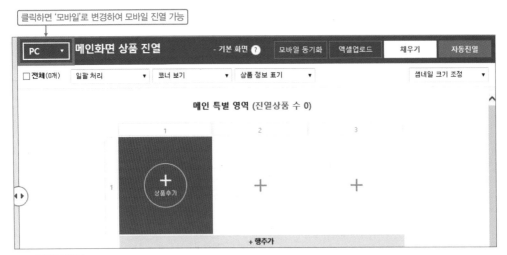

클릭하면 '모바일'로 변경하여 모바일 진열 가능

<오른쪽 영역>

03  모든 상품이 등록 되어 있는 'BEST' 분류를 선택하고 [검색] 버튼을 클릭합니다. 아래 상
품에서 진열을 원하는 상품을 클릭한 뒤 [적용] 버튼을 클릭합니다.

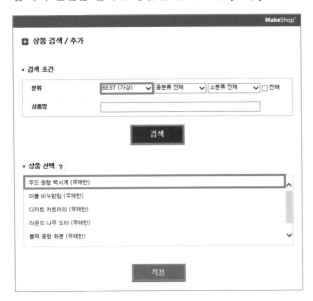

**04**  동일한 방법으로 상품 진열을 할 수 있고, 3개 상품을 진열한 다음부터는 [+행추가] 버튼을 클릭하여 계속 추가할 수 있습니다.

**05**  이와 같이 '메인 특별 영역'과 '메인 신규 영역'에 각각 상품 4개씩을 진열합니다. 페이지 하단의 [적용] 버튼을 클릭하여 진열을 최종 반영합니다. 모바일에 별도로 설정하지 않고 PC와 동일한 진열을 원할 때에는 'PC/모바일 동시 저장'에 체크 한 뒤 [적용] 버튼을 클릭합니다.

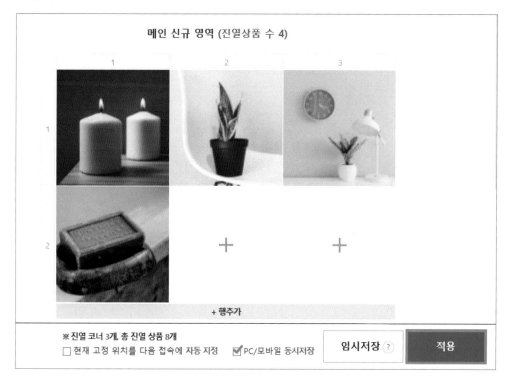

**06** 내 쇼핑몰 메인에서 진열된 상품을 확인합니다.

 메인 상품 진열을 영상으로 확인하고 싶으신 분은
QR코드를 통해 접속하세요. **유튜브 영상**으로 확인 가능합니다!

**TIP** 상품 진열 화면에서 2줄로 4개의 상품이 등록 되었다 하여 내 쇼핑몰에 진열 화면과 동일하게 2줄로 진열 되지 않습니다. 진열 화면에서의 배열은 단순 관리 차원임을 명심합니다.

<진열 화면>

<내 쇼핑몰 화면>

MAKESHOP

M

# PART 4

# 쇼핑몰
# 게시판 설정하기

게시판은 쇼핑몰 내에서 고객과 가장 직접적으로 소통할 수 있는 기능입니다. 고객을 위한 소통의 창구로 다양한 타입의 게시판을 생성할 수 있으며 내부 운영 편의를 위해 기능을 추가 설정합니다. 게시판과 게시글의 관리는 쇼핑몰의 운영과 활성화 정도를 파악할 수 있는 부분이며 이는 신뢰도와 연결되기 때문에 게시판의 특징별 관리가 필요합니다.

# 01 공지 게시판 생성하기

공지 게시판은 관리자가 고객에게 쇼핑몰의 시스템이나 정책에 대해 안내하는 곳이기에, 고객이 글을 쓰거나, 타인이 관리자를 사칭하여 글을 쓸 수 없도록 설정 할 필요가 있습니다.

01  [게시판/메일] >[게시판 관리] >[게시판 만들기] 메뉴를 클릭합니다.

02  기본 설정인 '일반 게시판' 값을 확인하고 디자인을 선택합니다.

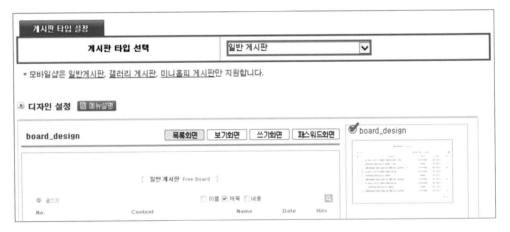

**03** 게시판 제목에 '공지'를 입력하고 '게시물 쓰기' 권한은 '관리자 전용'으로 설정합니다. 그래야 다른 사람이 게시글을 작성할 수 없습니다.

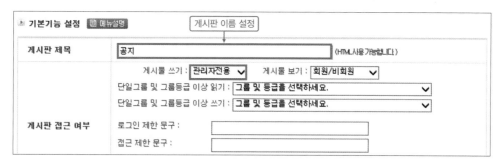

**04** '게시판 관리자 명칭'에 쇼핑몰명을 입력하고, '게시판 비밀번호'를 조건에 알맞게 입력합니다.

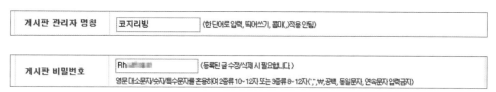

**05** 페이지 하단의 [신규 게시판 만들기] 버튼을 클릭합니다. 생성된 게시판은 [등록한 게시판 관리] 메뉴에서 확인 가능합니다.

# 후기 게시판 생성하기

상품 후기를 작성할 수 있는 게시판을 생성하고 상품 상세페이지 하단에 있는 게시판에 연결 되도록 설정합니다.

**01**    [게시판/메일] >[게시판 관리] >[게시판 만들기] 메뉴를 클릭합니다.

**02**    기본 설정인 '일반 게시판' 값을 확인하고 디자인을 선택합니다.

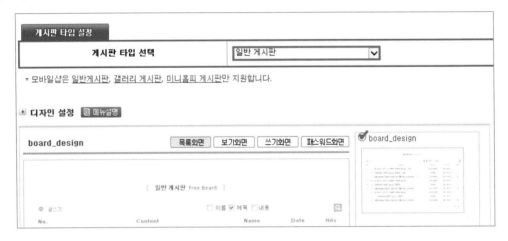

**03**    게시판 제목에 '후기'를 입력합니다.

**04**    후기 작성을 회원들이 하기 때문에 게시물 쓰기 권한을 '회원 전용'으로 선택합니다.

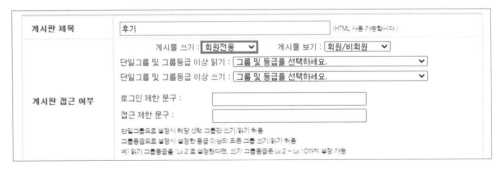

05 '개별 상품 문의 기능/상품리뷰 게시판 기능 게시판 연결'에서 '상품리뷰 게시판으로 사용'을 선택하고, 리스트 상품 이미지를 '노출함', 이미지 사이즈를 '50px'로 선택합니다.

| | |
|---|---|
| 개별상품 문의 기능 / 상품리뷰 게시판기능 게시판 연결 | ○사용하지 않음　○개별상품문의 게시판으로 사용　◉상품리뷰 게시판으로 사용<br><br>리스트 상품이미지　: ○노출안함　◉노출함 [50 px ▼]<br>상세 상품이미지 크기　: [60 px ▼]<br>HIT아이콘 사용여부　: ◉사용안함　○사용함 (조회수가 [10] 이상 시 아이콘 노출)<br>상세 페이지 댓글 노출　: ◉사용안함　○사용함<br>상품명 검색 사용여부　: ◉사용안함　○사용함<br>회원 수정 사용여부　: ◉사용안함　○사용함<br>갤러리형 목록리스트　: ◉사용안함　○사용함<br><br>- 상품상세페이지에 [상품문의하기 버튼]이 생성되어 고객이 상품 문의를 할 수 있습니다.<br>- 고객의 상품 문의 글은 상품상세 페이지와 설정한 게시판에 동시에 등록이 됩니다.<br>- 신규 게시판을 생성하여 별도의 상품문의 게시판으로 사용하실 수 있습니다.<br>- HIT아이콘은 게시판 디자인관리에서 직접 등록하시어 사용하실 수 있습니다. |

06 '게시판 관리자 명칭'에 쇼핑몰명을 입력하고, '게시판 비밀번호'를 조건에 알맞게 입력합니다. 앞의 공지 게시판 생성할 때와 동일합니다.

| | |
|---|---|
| 게시판 관리자 명칭 | [코지리빙]　(한 단어로 입력, 띄어쓰기, 콤마(,)적용 안됨)<br>위에 입력된 이름으로 글 작성시 비밀번호를 입력해야 글이 등록됨으로서 관리자 사칭 글쓰기를 막을 수 있습니다. |
| 게시글 등록 후 페이지 이동 | ◉목록　○메인　○개별 페이지 [　　　　　]<br>URL 입력시 외부경로는 http://를 포함하여 입력해 주시기 바랍니다.<br>ex) /shop/page.html?id=1 또는 http://www.naver.com |
| 모바일 게시글 등록 후 페이지 이동 | ◉목록　○메인　○개별 페이지 [　　　　　]<br>모바일 1.0은 지원하지 않습니다. URL 입력시 외부경로는 http://를 포함하여 입력해 주시기 바랍니다.<br>ex) /m/page.html?id=1 또는 http://m.naver.com |
| 댓글 기능 | ◉ 사용함　[댓글 쓰기 : 회원/비회원 ▼]　○사용하지 않음 (게시판에 댓글 입력을 할 수 있도록 설정합니다.)<br><br>댓글에 댓글 달기　: ○사용함　◉사용하지 않음<br>회원 비밀댓글 기능　: ○회원 의무사용 ○회원 선택 사용 ◉사용하지 않음<br>　　　　　　　(회원의 비밀댓글은 관리자만 확인하실 수 있습니다.)<br>작성자 노출방지 설정　: ◉전체 노출 ○지정 노출 [1▼]<br>　　　　　　　한글/영어 구분없이 앞자리부터 선택하신 글자수까지 노출<br>이메일 발송　: □관리자 댓글 작성시 이메일 발송 합니다.<br>최소 입력 설정　: 작성 내용의 글자수를 최소 [0]자 이상 입력합니다.<br>글자수 제한　: 작성 내용의 글자수를 [500]자로 제한 합니다.<br>　　　　　　　(글자수 제한은 한글 기준이며, '0'으로 설정시 무제한 처리 됩니다.)<br>댓글 노출순서　: ◉최신글 오름차순 ○최신글 내림차순<br>댓글 추천기능　: ◉사용안함　○사용함<br>　　　　　　　회원전용기능이며 중복추천 불가능합니다.<br>　　　　　　　카멜레온 개별디자인 이용 시 추천에 대한 가상태그를 추가해 주셔야합니다.<br>댓글 입력횟수　: ○1일 1회 기재　◉무제한 |
| 답변 기능 | ○사용함　[답변 쓰기 : 회원/비회원 ▼]　◉ 사용하지 않음 (게시판에 답변 입력을 할 수 있도록 설정합니다.) |
| 게시글 처리상태 설정 기능 | ○사용함　[처리상태 사용 방법 : 답변 ▼]　◉ 사용하지 않음 (게시판에 답변 입력을 할 수 있도록 설정합니다.) |
| 게시판 비밀번호 | [Rh=▮▮▮]　(등록된 글 수정/삭제 시 필요합니다.) |

**07** 페이지 하단의 [신규 게시판 만들기] 버튼을 클릭합니다. 생성된 게시판은 [등록한 게시판 관리] 메뉴에서 확인 가능합니다.

 공지와 후기 게시판을 만드는 방법을 영상으로 배워 보고 싶으신 분들은 QR코드로 접속하세요. **유튜브 영상**으로 확인이 가능합니다.

# Q&A 게시판 수정하기

메이크샵에는 자동 등록이 되어 있는 기본 게시판이 있습니다. '질문과 대답' 게시판으로, 내 상품의 상세페이지 하단의 게시판 기능과도 자동 연결되어 있습니다. 게시판 명칭을 변경하고, 고객이 문의글을 작성할 때 잠금글로 설정할 수 있는 기능을 추가해 보겠습니다.

01 [게시판/메일] >[게시판 관리] >[등록한 게시판 관리] 메뉴를 클릭합니다.

02 게시판 목록에서 '질문과 대답' 게시판의 [기능] 버튼을 클릭하여 기능을 수정합니다.

03 '게시판 제목'을 'Q&A'로 수정합니다. 내 쇼핑몰에 변경한 제목이 노출됩니다.

| 게시판 제목 | Q&A | (HTML 사용 가능합니다.) |
| --- | --- | --- |

**04** '게시판 관리자 명칭'에 쇼핑몰명을 입력하고, '게시판 비밀번호'를 조건에 알맞게 입력합니다.

**05** 하단에 닫혀 있는 '[질문과 대답 게시판] 쓰기 화면 설정' 탭의 [열기] 버튼을 클릭합니다.

**06** '게시판 잠금 기능'을 '고객 선택 사용'으로 체크하고 하단의 [설정] 버튼을 클릭합니다. 해당 메뉴 설정을 하면 고객이 비밀글 작성을 선택할 수 있습니다.

**07** [등록한 게시판 목록 및 관리]에서 변경된 게시판을 확인할 수 있습니다.

**08** 내 쇼핑몰 우측 사이드 바에 생성된 게시판을 확인할 수 있습니다.

COMMUNITY

공지
Q&A
후기
FAQ
CART
마이쇼핑

영상으로 기본 게시판 정보를 내 쇼핑몰에 맞게 수정하는 방법을 확인하고 싶으신 분은 QR코드로 접속해 주세요. **유튜브 영상**으로 확인 가능합니다!

# 게시판 링크 연결하기

내 쇼핑몰의 사이드 바에서 각 게시판 명칭을 클릭 했을 때 해당 게시판으로 이동하도록 HTML 코드를 활용하여 링크를 수정합니다. 선택한 스킨에 따라 노출 위치가 다를 수 있습니다.

01 [개별디자인] >[디자인 스킨 관리] >[디자인 스킨 관리] 메뉴에서 [디자인 편집하기] 버튼을 클릭합니다.

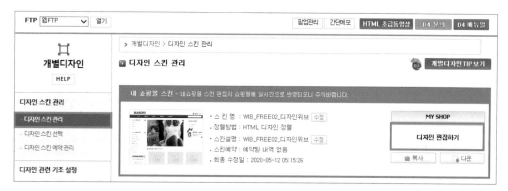

02 디자인 편집 화면이 열리고 왼쪽 메뉴에서 [상단] >[기본 상단]을 클릭합니다(사이드 바 정보가 상단 영역에 위치하므로 상단 페이지로 이동합니다).

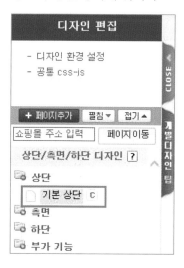

**03** 코드 부분에서 스크롤 바를 내려 '사이드바' 영역을 찾습니다. 그 아래로 게시판 명칭들이 보이는데, '공지' 앞의 '#' 부분이 '공지' 게시판의 링크 주소를 넣는 부분입니다.

```
<!-- 사이드 바 -->
<div id="scroll-right">
        <div id="side-menu-wrap">
                <div class="side-menu">
            <p class="tit">COMMUNITY</p>
                        <div class="board-btn div-wrap">
                            <a href="#">공지</a>
                            <a href="#">Q&amp;A</a>
                            <a href="#">후기</a>
                            <a href="/shop/faq.html">FAQ</a>
                            <a href="<!--/link_basket/-->">CART</a>
                            <a href="<!--/link_mypage/-->">마이쇼핑</a>
                </div>
```

**04** 상단의 [페이지 주소] 버튼을 클릭하여 '공지' 게시판의 주소를 복사합니다.

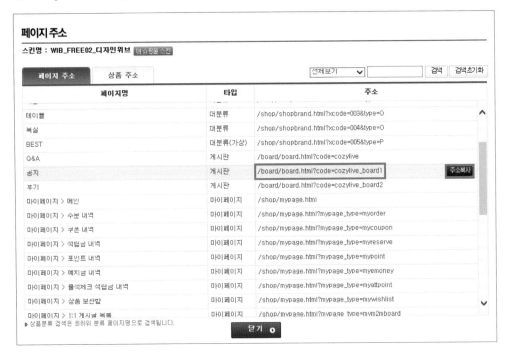

**05** 복사한 주소를 '공지' 앞의 '#'을 지우고 그 자리에 붙여넣기 합니다. 다른 게시판의 주소 또한 동일한 방법으로 붙여넣기 합니다. 페이지 하단의 [저장] 버튼을 클릭하여 완료합니다.

```html
<!-- 사이드 바 -->
<div id="scroll-right">
        <div id="side-menu-wrap">
                <div class="side-menu">
            <p class="tit">COMMUNITY</p>
                        <div class="board-btn div-wrap">
                                <a href="/board/board.html?code=cozylive_board1">공지</a>
                                <a href="/board/board.html?code=cozylive">Q&amp;A</a>
                                <a href="/board/board.html?code=cozylive_board2">후기</a>
                                <a href="/shop/faq.html">FAQ</a>
                                <a href="<!--/link_basket/-->">CART</a>
                                <a href="<!--/link_mypage/-->">마이쇼핑</a>
                        </div>
```

**06** 내 쇼핑몰로 이동하여, 사이드바의 게시판 명칭을 클릭하고 링크가 잘 작동 되는지 확인합니다.

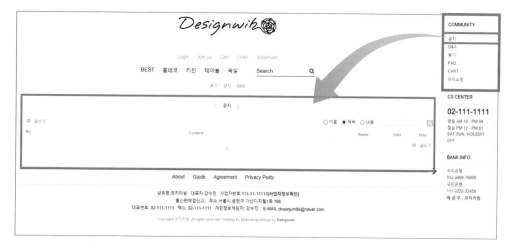

영상으로 생성한 게시판의 연결 링크 수정 방법을 알고 싶으신 분들은
QR코드를 통해 접속하세요. **유튜브 영상**으로 확인 가능합니다!

# PART 5

# 쇼핑몰 디자인하기

기본 세팅된 디자인을 내 쇼핑몰에 맞게 변경하는 작업입니다. 로고, 배너 이미지 등 내 쇼핑몰의 정체성을 잘 나타낼 이미지를 준비하고 간단한 HTML 코드를 이용하여 적용합니다.

# 01 타이틀 & 파비콘 세팅하기

 **타이틀 등록하기**

'타이틀'을 등록하기 전에는 [쇼핑몰 구축] >[쇼핑몰 기본 정보 설정] >[쇼핑몰명/검색키워드] 메뉴에서 입력한 쇼핑몰명이 웹페이지의 제목 표시줄에 노출되며, 타이틀 등록 시 변경되어 보여 집니다.

01 [개별디자인] >[디자인 관련 기초 설정] >[타이틀(TITLE)관리] 메뉴를 클릭하고 '기본 타이틀 입력'에 내 쇼핑몰의 이름 및 제목 표시줄에 노출될 인사말을 입력한 뒤, [저장] 버튼을 클릭합니다.

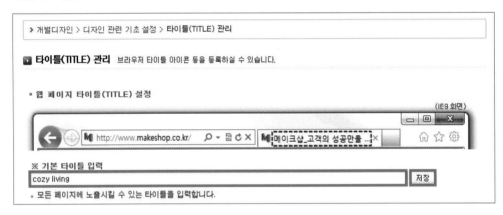

02 내 쇼핑몰에서 등록된 타이틀을 확인합니다.

**파비콘 등록하기**

파비콘은 브라우저 상단의 주소 옆, 제목 표시줄의 타이틀과 함께 나오는 사이트의 아이콘을 말하며, 브라우저에서 즐겨찾기 했을 때 목록에 파비콘이 함께 저장되어 보입니다. 설정하지 않을 경우에는 익스플로러의 기본 아이콘이 나옵니다.

01 [개별디자인] >[디자인 관련 기초 설정] >[타이틀(TITLE)관리] 메뉴를 클릭하고 스크롤을 내려 '파비콘(favicon) 설정'을 확인합니다. [찾아보기]를 클릭하여 준비된 파일을 등록하고 페이지 하단의 [확인] 버튼을 클릭합니다. 여기서는 [이미지] 폴더의 'favicon.ico' 파일을 등록합니다.

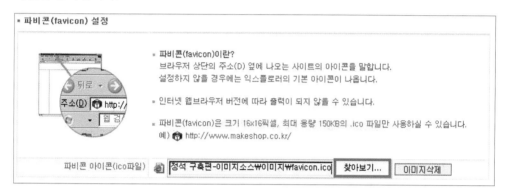

**TIP 파비콘 제작**

파비콘 등록 파일 조건 : 16 × 16 픽셀, 최대 용량 150KB의 '.ico' 파일

파비콘의 제작은 포토샵으로 16 × 16 픽셀 사이즈의 이미지로 제작하여 저장 한 다음, 파일 변환 프로그램이나 사이트를 이용하여 확장자를 '.ico'로 변환해 주어야 합니다.

02 내 쇼핑몰에서 등록된 파비콘을 확인합니다.

# 02 로고 세팅하기

디자인 스킨에 샘플로 등록된 로고 이미지를 내 쇼핑몰의 로고 이미지로 수정합니다. 기존의 로고 사이즈를 확인하고, 그와 동일한 크기로 로고를 제작하면 세팅이 용이합니다.

 **로고 제작 팁**

01  내 쇼핑몰의 기존 샘플 로고 위에서 마우스를 우클릭합니다. 가장 아래의 속성을 클릭하면 이미지의 크기를 확인할 수 있습니다.

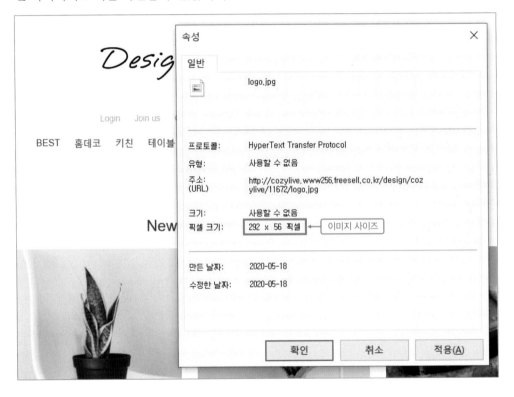

02 포토샵에서 확인한 사이즈와 같은 새 문서를 만듭니다. 포토샵 프로그램을 켜고 [메뉴] >[새로 만들기]를 클릭하고, 가로, 세로의 사이즈를 각각 '292'픽셀, '56'픽셀로 입력한 뒤, [만들기]를 클릭합니다.

03 새 문서가 열리면 왼쪽 도구박스에서 텍스트를 입력할 때 쓰는 타입툴을 클릭합니다.

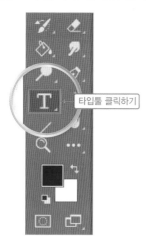

**04** 마우스를 새 문서로 가져가 클릭하고, 샘플 텍스트가 뜨면 원하는 쇼핑몰 이름을 타이핑한 뒤 드래그하여 선택합니다.

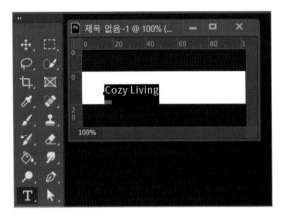

**05** 상단 옵션바에서 글꼴, 크기, 색상을 원하는 대로 설정하고 확인 버튼을 클릭합니다.

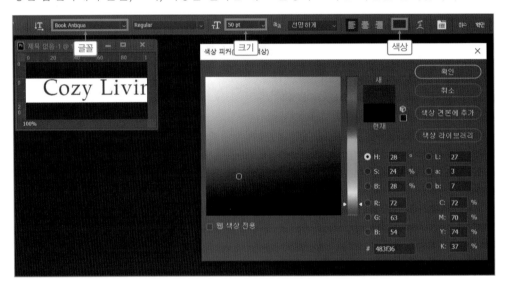

**06** 마지막으로 이동툴을 선택하여 로고의 위치를 적당히 이동하며 조정합니다.

**07** 설정이 완료되면 저장합니다. [메뉴] >[다른 이름으로 저장]을 클릭합니다. 파일명을 'logo'로 입력하고 확장자를 'jpeg'로 설정한 뒤 [저장]을 클릭합니다.

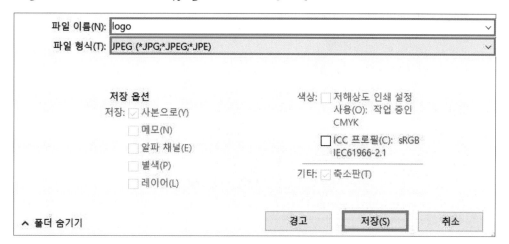

영상으로 로고 디자인 제작 방법을 확인하고 싶으신 분은 QR코드로 접속하세요.
**유튜브 영상**으로 확인 가능합니다!

## 로고 등록

**01** 제작한 로고를 등록 하기 위해 관리자 페이지로 이동합니다. [개별디자인] >[디자인 스킨 관리] >[디자인 스킨 관리] 메뉴에서 [디자인 편집하기] 버튼을 클릭합니다.

**02** 열린 편집창에서 왼쪽 상단의 웹FTP를 선택하고 [열기] 버튼을 클릭합니다.

**03** 열린 웹FTP창에서 [찾아보기]를 클릭하여 제작한 로고 파일을 선택하고 [파일 업로드] 버튼을 클릭합니다.

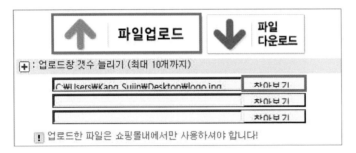

**04** 파일 목록에서 등록된 로고를 클릭하고 '이미지 경로'를 복사합니다.

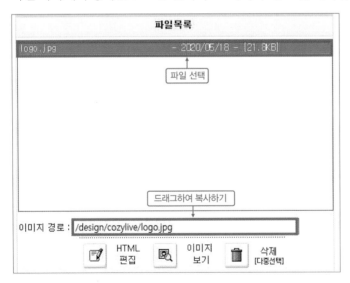

**05** 로고가 등록 되어 있는 [상단] >[기본 상단] 메뉴로 이동합니다.

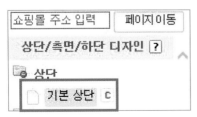

**06** 코드에서 로고 부분의 기존 이미지 경로를 찾아 삭제하고, 복사해 온 이미지 경로를 대체
하여 입력합니다.

| 이미지 노출 태그 | <img src="이미지 경로"/> |
|---|---|

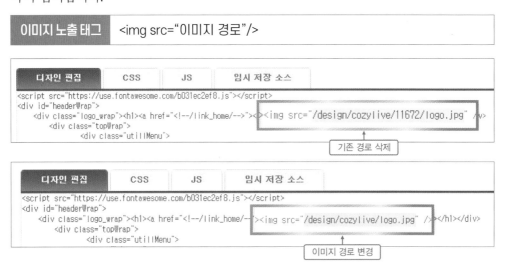

**07** 페이지 하단의 [저장] 버튼을 클릭하고, 내 쇼핑몰에서 확인합니다.

내 쇼핑몰에 맞는 로고 변경 방법을 영상으로 확인하고 싶으신 분들은
QR코드를 통해 접속하세요! **유튜브 영상**으로 확인 가능합니다!

# 03 배너 세팅하기

배너의 제작과 등록 또한 로고와 동일한 방법으로 진행합니다. 내 쇼핑몰에서 기존 배너의 크기를 확인한 뒤, 동일한 크기로 포토샵에서 제작합니다. 웹FTP에 이미지를 업로드 하고 코드에서 이미지 경로 부분을 수정합니다.

## 배너 제작하기

**01** 내 쇼핑몰의 기존 배너에 마우스 우클릭하여 '속성'을 클릭합니다. 이미지의 크기를 확인합니다.

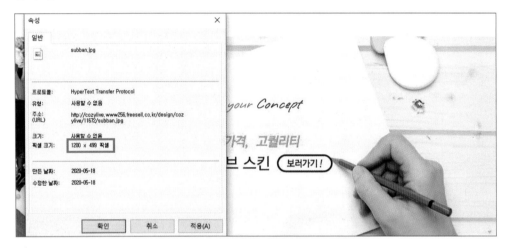

**02** 포토샵에서 [파일] >[새로 만들기]를 클릭하여, 확인한 배너와 동일한 크기의 문서를 만듭니다.

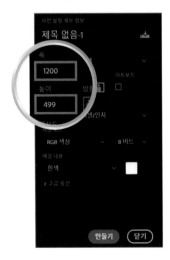

**03**  [파일] >[열기]를 클릭하여 실습 이미지 중 '배너자료.jpg' 파일을 엽니다. 문서가 열리면 '배너자료' 제목 부분을 드래그 하여, 새 문서가 보이도록 창의 위치를 이동합니다.

&lt;이동 전&gt;

&lt;이동 후&gt;

**04**  왼쪽 툴박스에서 이동툴을 선택하고, 이미지를 드래그 하여 새문서로 옮긴 후, 위치를 알 맞게 조정합니다.

**05** 왼쪽 툴박스에서 타입툴을 클릭하고 작업할 이미지 위에서 클릭합니다.

**06** 샘플 텍스트가 뜨면 원하는 문구를 타이핑하여 입력합니다.

**07** 타이핑한 텍스트를 드래그하여 선택한 다음 상단 옵션바의 글꼴, 크기, 색상을 변경하고 [확인]을 클릭합니다.

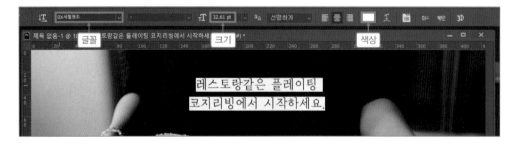

**08** 왼쪽 툴박스에서 이동툴을 선택하여 텍스트를 원하는 위치로 배치할 수 있습니다.

**09** [파일] >[다른 이름으로 저장]을 클릭하여 파일명을 'banner'로 입력하고 확장자를 'jpeg'로 선택한 다음 저장합니다.

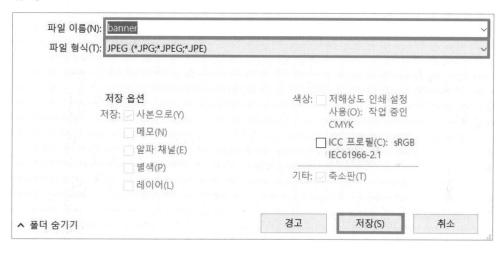

영상으로 쇼핑몰 배너 디자인 제작 방법을 알고 싶으신 분들은
QR코드로 접속하세요. **유튜브 영상**으로 확인할 수 있습니다.

01 [개별디자인] >[디자인 스킨 관리] >[디자인 스킨 관리] 메뉴에서 [디자인 편집하기] 버튼을 클릭하여 편집 화면을 엽니다.

02 편집 화면에서 '웹FTP'를 선택하여 창을 열고 앞에서와 동일한 방법으로, [찾아보기]를 클릭하여 배너 이미지 파일, 'banner.jpg'를 찾습니다. [파일 업로드] 버튼을 클릭합니다.

03 파일 목록에서 'banner'를 선택하고 이미지 경로를 복사합니다.

04 편집 화면에서 기존 배너가 등록된 [메인] > [메인]을 클릭합니다.

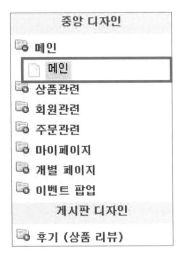

**05** 신규상품과 특별상품 사이, 배너가 입력 된 위치를 찾고 기존 이미지 경로 코드를 삭제한 뒤, 복사해 온 이미지 경로를 붙여넣기 합니다.

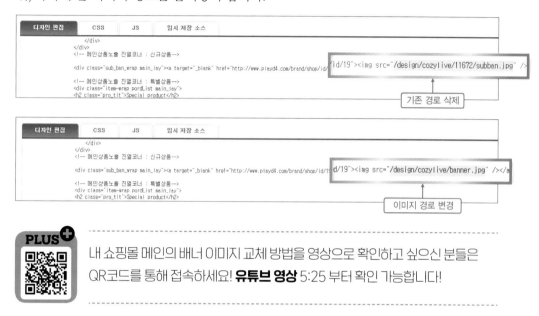

PLUS+ 내 쇼핑몰 메인의 배너 이미지 교체 방법을 영상으로 확인하고 싶으신 분들은 QR코드를 통해 접속하세요! **유튜브 영상** 5:25 부터 확인 가능합니다!

**06** 배너를 클릭하여 이동할 링크 주소를 복사하기 위해 상단의 [페이지 주소]를 클릭합니다.

**07** 페이지 주소 창에서 '키친' 분류의 주소를 복사합니다(메인 배너에 연결할 페이지 주소를 선택하여 복사합니다).

**08** 기존 링크 주소를 삭제하고, 복사해 온 링크 주소를 '붙여넣기'하여 수정합니다.

**09** 페이지 하단에서 [저장] 버튼을 클릭하고, 내 쇼핑몰의 메인 화면에서 세팅된 배너를 확인합니다. 클릭하여 '키친' 분류로 이동하는지 링크도 확인할 수 있습니다.

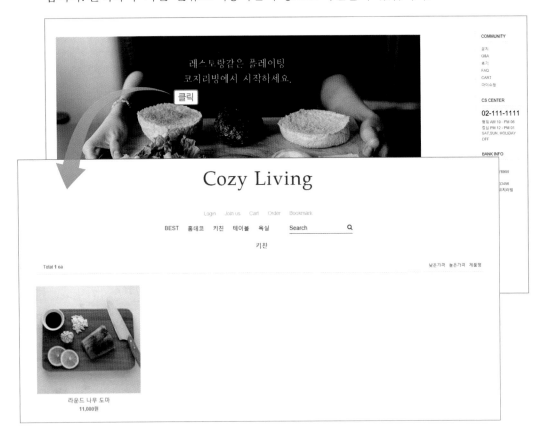

내 쇼핑몰 배너의 링크 연결 방법을 영상으로 확인하고 싶으신 분들은 QR코드를 통해 접속하세요! **유튜브 영상**으로 확인이 가능합니다!

# 메인 슬라이드 배너 세팅하기

메인 슬라이드 배너는 쇼핑몰 메인페이지에서 2개 이상의 같은 크기 배너가 번갈아 노출되는 것을 말합니다. **공간을 절약하고 많은 이벤트를 전달할 수 있다는 장점이 있으며 메이크샵의 '메인 롤링 배너'** **기능을 이용하면 손쉬운 설정이 가능합니다.** 기능 설정 후 추가로 코드를 입력해야 하는 경우도 있지만 지금 사용 중인 디자인 스킨은 설정만으로도 노출할 수 있습니다. 동일한 크기의 배너 이미지 2개를 준비하면 되고, 등록 샘플 이미지는 '롤링배너1.jpg', '롤링배너2.jpg'를 이용하면 됩니다.

01 [개별디자인] >[스크립트 기능 설정] >[메인 롤링 배너 설정] 메뉴를 클릭합니다.

02 '배너 사용 및 효과 설정'에서 '사용함'으로 체크하고 가로 '1200px', 세로 '499px'로 설정합니다. 이미지 전환 효과와 시간을 자유롭게 설정합니다(사이즈는 현재 준비된 배너 이미지 사이즈 크기를 입력합니다).

**TIP**

메인 슬라이드 배너 제작할 때 가로 사이즈는 내 쇼핑몰의 가로 사이즈를 참고하는 것이 가장 좋습니다. 하지만 내 쇼핑몰의 가로 사이즈 확인이 어렵다면 내 쇼핑몰에 노출 되어 있는 메인 이벤트 배너나 띠 배너의 가로 사이즈를 참고 하여 제작할 수도 있습니다. 메인 슬라이드 배너의 세로 사이즈는 자유로운 제작이 가능하므로 하고 싶은 사이즈로 설정하여 제작합니다.

**03** 화살표와 도형/숫자 버튼 설정을 기본값으로 두고 '이미지 등록 및 관리 메뉴'에서 이미지와 링크를 세팅합니다. [찾아보기]를 클릭하여 이미지 파일을 등록하고, [링크도우미] 버튼을 클릭하여 이동할 페이지를 선택합니다.

| 이미지1 | 이미지 파일 | 롤링배너1.jpg |
| | 이미지 링크 | 대분류 '키친' |
| 이미지2 | 이미지 파일 | 롤링배너2.jpg |
| | 이미지 링크 | 대분류 '키친' - 중분류 '시계/액자' |

**04**  설정을 마치고 페이지 하단의 [저장] 버튼을 클릭합니다. 내 쇼핑몰 메인 페이지에서 등록된 롤링 배너를 확인할 수 있습니다.

영상으로 메인 슬라이드 배너 설정 방법을 확인하고 싶으신 분들은
QR코드로 접속하세요. **유튜브 영상**으로 확인 가능합니다!

# 05 상세페이지 디자인 수정하기

쇼핑몰의 상품 상세페이지에 있는 구매하기 버튼 이미지를 변경합니다. 그리고 선택한 스킨에서 옵션 구매수량 표시의 오류를 수정하여 구매수량 숫자 표시가 제대로 보이도록 설정합니다.

 **구매 버튼 변경하기**

**01** [개별디자인] >[디자인 스킨 관리] >[디자인 스킨 관리] 메뉴에서 [디자인 편집하기] 버튼을 클릭합니다.

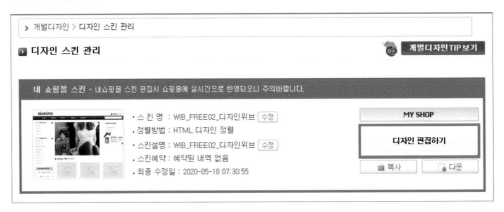

**02** 디자인 편집 화면에서 [상품관련] >[상품 상세 페이지] >[기본 상세 페이지] 메뉴를 클릭합니다(구매 버튼이 상세 페이지에 있기 때문에 해당 페이지를 선택합니다).

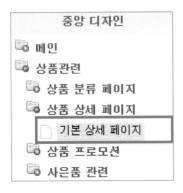

**03** 버튼 부분의 코드를 찾기 위해 내 쇼핑몰로 이동하여 상세페이지의 버튼 위에서 마우스 우클릭 합니다. [속성]에서 파일명 부분을 복사합니다.

**04** 다시 디자인 편집 화면으로 이동하여 [Ctrl + F]를 누르고 복사해 온 파일명을 붙여넣기 하여 해당 코드를 찾습니다.

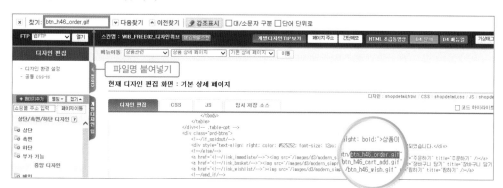

**05** 기존 이미지 경로를 삭제하고, 상단의 웹FTP를 [열기] 합니다.

**06** FTP 화면에서 [찾아보기]를 클릭하여 각각 버튼 이미지 3개를 불러옵니다. 그리고 [파일 업로드] 버튼을 클릭합니다.

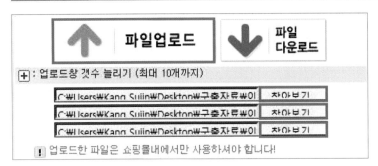

**07** 파일 목록에서 버튼명을 클릭하고 이미지 경로를 복사합니다.

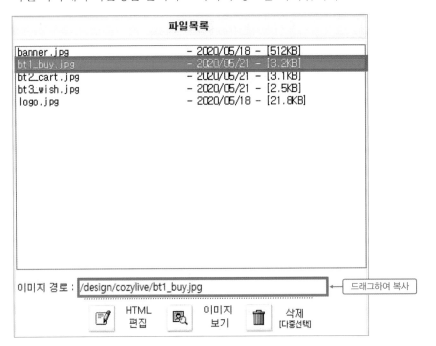

**08** 디자인 편집 화면의 따옴표 사이에 복사해 온 이미지 경로를 붙여넣기 합니다. 동일한 방법으로 나머지 버튼도 설정한 뒤 페이지 하단의 [저장] 버튼을 클릭합니다.

```
<!--/if_soldout/-->
<div style="text-align: right; color: #525252; font-size: 12px; font-weight: bold;">상품이 품절되었습니다.</div>
<!--/else/-->
<a href="<!--/link_immediate/-->"><img src="/design/cozylive/bt1_buy.jpg" alt="주문하기" title="주문하기" /></a>
<a href="<!--/link_basket/-->"><img src="/design/cozylive/bt2_cart.jpg" alt="장바구니 담기" title="장바구니 담기" /></a>
<a href="<!--/link_wishlist/-->"><img src="/design/cozylive/bt3_wish.jpg" alt="찜하기" title="찜하기" /></a>
<!--/end_if/-->
```

**09** 내 쇼핑몰의 상세페이지에서 변경된 버튼 이미지를 확인합니다.

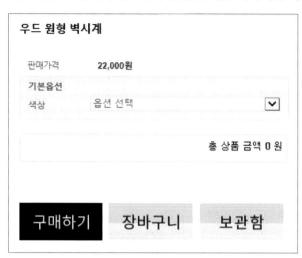

**옵션 수량 디자인 오류 수정하기**

내 쇼핑몰에서 수량 증감을 나타내는 숫자 표시 부분이 디자인 위치 오류로 인해 제대로 보이지 않는 경우가 있습니다. 디자인(CSS)부분을 수정하여 수량 표시 창을 지금보다 왼쪽으로 옮겨서 증감 버튼과 겹치지 않게 수정해 보겠습니다.

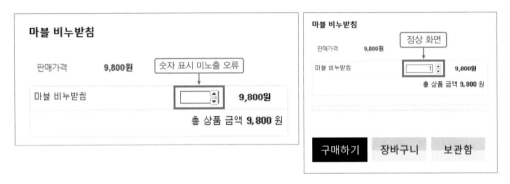

01 디자인 편집 화면의 [상품관련] >[상품 상세 페이지] >[기본 상세 페이지] 화면을 클릭합니다.

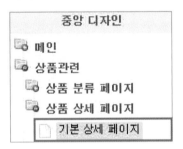

02 [CSS] 탭을 클릭하고 '코드 하이라이트'에 체크한 뒤, 스크롤바를 내려서 160, 168, 177 번째 줄을 찾습니다.

**03** 각 줄의 'width' 값을 '50'에서 '68'로 변경한 뒤 페이지 하단의 [저장] 버튼을 클릭합니다.

```
158 /* 기본옵션 */
159 #MK_innerOptWrap #MK_innerOpt_01 li .MK_p-name { argin-right: 0px; }
160 #MK_innerOptWrap #MK_innerOpt_01 li .MK_qty-ctrl  width: 68px; op: 3px; *top: 2px; right: 90px; }
161 #MK_innerOptWrap #MK_innerOpt_01 li .MK_qty-ctrl        width: 30px; height: 16px; line-height: 16px; padding: 2px 0 0 2px; }
162 #MK_innerOptWrap #MK_innerOpt_01 li .MK_qty-ctrl nput.MK_coun solute; right: 0px; font-size: 0; line-height: 0; }
163 #MK_innerOptWrap #MK_innerOpt_01 li .MK_qty-ctrl   position al-align: top; }
164 #MK_innerOptWrap #MK_innerOpt_01 li .MK_qty-ctrl a.M          top: 2px; }
165 #MK_innerOptWrap #MK_innerOpt_01 li .MK_qty-ctrl a.MK_btn-dw { top: 12px; }
166 /* 개별옵션 */
167 #MK_innerOptWrap #MK_innerOpt_02 li .MK_p-name {           80px; }
168 #MK_innerOptWrap #MK_innerOpt_02 li .MK_qty-ctrl  argin-right: op: 3px; *top: 2px; right: 90px; }
169 #MK_innerOptWrap #MK_innerOpt_02 li .MK_qty-ctrl  width: 68px; solute; width: 30px; height: 16px; line-height: 16px; padding: 2px 0 0 2px; }
170 #MK_innerOptWrap #MK_innerOpt_02 li .MK_qty-ctrl nput.MK_coun al-align: top; }
171 #MK_innerOptWrap #MK_innerOpt_02 li .MK_qty-ctrl  position solute; right: 0px; font-size: 0; line-height: 0; }
172 #MK_innerOptWrap #MK_innerOpt_02 li .MK_qty-ctrl           f   top: 2px; }
173 #MK_innerOptWrap #MK_innerOpt_02 li .MK_qty-ctrl             top: 12px; }
174
175 #MK_innerOptWrap #MK_innerOpt_03 { display:block; }
176 #MK_innerOptWrap #MK_innerOpt_03 li .MK_p-name {           40px; }
177 #MK_innerOptWrap #MK_innerOpt_03 li .MK_qty-ctrl            op: 3px; *top: 2px; right: 90px; }
178 #MK_innerOptWrap #MK_innerOpt_03 li .MK_qty-ctrl  argin-right: width: 30px; height: 16px; line-height: 16px; padding: 2px 0 0 2px; }
179 #MK_innerOptWrap #MK_innerOpt_03 li .MK_qty-ctrl  width: 68px; solute; right: 0px; font-size: 0; line-height: 0; }
180 #MK_innerOptWrap #MK_innerOpt_03 li .MK_qty-ctrl nput.MK_coun -align: top; }
181 #MK_innerOptWrap #MK_innerOpt_03 li .MK_qty-ctrl  position op: 2px; }
182 #MK_innerOptWrap #MK_innerOpt_03 li .MK_qty-ctrl            top: 12px; }
```

**04** 내 쇼핑몰에서 수량 표시가 제대로 노출되는지 확인합니다.

**마블 비누받침**

| | |
|---|---|
| 판매가격 | **9,800원** |
| 마블 비누받침 | [ 1 ] ▲▼  **9,800원** |
| | 총 상품 금액 **9,800 원** |

[ 구매하기 ]　[ 장바구니 ]　[ 보관함 ]

## TIP 디자인스킨 기본소스 확인

내 쇼핑몰의 특정 부분 디자인을 수정하고 싶을 때 크롬브라우저의 도움을 받을 수 있습니다. 크롬에서 내 쇼핑몰을 열고 키보드의 [F12]를 눌러 개발자도구를 엽니다. '**요소**'를 선택하는 아이콘을 클릭하여 화면이 파란색으로 활성화 되면, 수정을 원하는 부분을 클릭하여 디자인 정보를 확인합니다. 클릭하여 선택된 요소에 대한 디자인 정보가 '**Styles**'에 표시되는데 디자인 코드가 작성된 위치도 함께 표시되어 간단하게 수정할 부분을 찾을 수 있습니다.

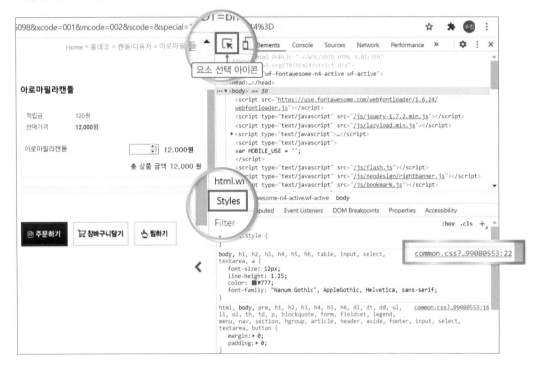

여기에서는 수량 표시 오류가 있는 부분을 클릭하여 정보를 확인합니다. 'width:50px' 부분의
수치를 조정하여 수량 표시를 제대로 보이도록 수정할 수 있고, 숫자 부분을 클릭하여 다른 숫자
를 입력해 보면서 수정 테스트도 해볼 수 있습니다. 디자인 태그는 '.MK_qty-ctrl'의 class 선
택자에 선언되어 있으며, 메이크샵에서 그 선언이 작성되어 있는 위치가 상세화면의 161번째 줄
이라는 것도 확인할 수 있습니다. 작성된 위치는 줄 수 5줄 이내의 오차가 있을 수도 있습니다.
해당 줄에 있는 정보를 수정하면 당장의 '기본옵션'에 대한 오류가 수정됩니다. 하지만 기본옵션
뿐만이 아닌 다른 옵션사항의 노출을 대비하여 '.MK_qty-ctrl'를 선택자로 하는 모든 가로값의
선언을 함께 수정하는 것이 좋습니다.

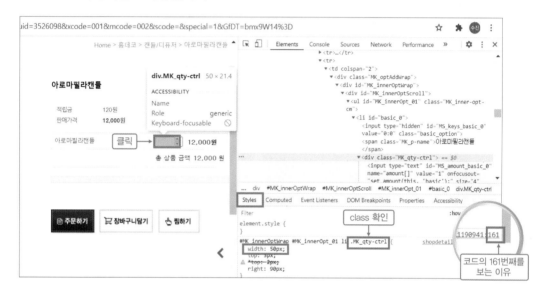

디자인 편집 화면의 [상품관련] > [상품 상세 페이지] > [기본 상세 페이지]에서 [Ctrl+F]를 눌
러 문자열 찾기를 열고 '.MK_qty-ctrl'를 검색하여, 모든 수정 부분을 확인할 수가 있습니다. 검
색된 부분 중에서 'width:50px'이 입력된 부분의 수치를 수정합니다.

# PART 6

# 결제 시스템 구축하기

쇼핑몰에 기본 정보와 상품 등록, 디자인 변경으로 구축을 완료하고 나면 결제 시스템을 구축하는 등 실제 판매를 위한 기타 설정을 진행합니다. 내 쇼핑몰에 도메인을 연결하고 카드결제 및 통합결제를 위해 PG신청을 진행합니다. 판매 상점에서 필수로 설정해야 하는 사항에 대해서도 마지막으로 체크해 봅니다.

# 도메인 연결하기

쇼핑몰 기본적인 제작이 완료되면 내 쇼핑몰을 싼도메인에서 구매했던 도메인에 연결합니다. 이 작업이 생략되면 도메인 시 구축한 쇼핑몰이 오픈되지 않으니 필수로 진행 바랍니다.

[쇼핑몰 구축] >[쇼핑몰 기본 정보 설정] >[쇼핑몰 도메인 관리] 메뉴를 클릭하여, 구매한 도메인을 입력하고 동의에 체크한 뒤 [도메인 신청] 버튼을 클릭합니다. 신청 후 1~2일 이내에 담당자 확인 후 세팅이 됩니다. 도메인 신청 후, 연결이 진행 중일 때는 내 쇼핑몰 화면이 제대로 보이지 않을 수 있으니 이 점 유의해 주시기 바랍니다.

## 쇼핑몰 도메인 관리

쇼핑몰구축 > 쇼핑몰 기본정보 설정 > 쇼핑몰 도메인 관리

**쇼핑몰 주도메인 연결**

📖 매뉴얼

| 내 쇼핑몰 주도메인 주소(URL) 연결 | http:// www.cozyliving.co.kr | 도메인 체크 | 포워딩 추가 |
| --- | --- | --- | --- |

예) www.makeshop.co.kr

해당 도메인의 소유주로서 도메인셋팅을 신청하며, 소유권으로 인한 문제 발생 시 도메인셋팅 신청자에게 모든 책임이 있습니다.

☑ 도메인 신청에 대한 안내에 동의합니다.

**도메인 신청**

단, 도메인 연결에 앞서 구입처가 싼도메인이 아닌 경우는 네임서버를 변경해야 합니다. 스크롤을 아래로 내려 '주도메인 연결시 주의사항'을 확인합니다. 해당 메이크샵 네임서버를 복사하여 도메인을 구매한 타 사이트에서 네임서버를 변경한 뒤, 메이크샵 고객센터를 통해 통보하면 됩니다.

**주도메인 연결시 주의사항**

| 도메인 구입처 → 메이크샵 싼도메인일 경우 | 도메인 구입처 → 타업체일 경우 |
| --- | --- |
| | • 최초 도메인을 등록회사에서 아래의 메이크샵 네임서버로 변경하신 후, 메이크샵에 통보해 주셔야 합니다! |
| | • 메이크샵 네임서버 (타업체에서 도메인 등록하신 경우)<br>1차 네임서버 : ns1.makeshop.kr<br>1차 네임서버IP : 203.238.183.5 |
| | 2차 네임서버 : ns2.makeshop.kr<br>2차 네임서버IP : 27.1.15.11 |
| • 네임서버가 메이크샵으로 자동 입력되기 때문에 별도의 네임서버를 변경하실 필요가 없습니다! **(통합관리 가능)** | 3차 네임서버 : ns1.makeshop.com<br>3차 네임서버IP : 121.78.48.5 |
| • 메이크샵 싼도메인은 '한국인터넷진흥원 공인' 도메인 등록업체로서, 2008년 NIDA 고객 만족도 우수기업에 선정되었습니다.<br>**(무료 포워딩, 무료 파킹 서비스 제공)** | 4차 네임서버 : ns2.makeshop.com<br>4차 네임서버IP : 58.120.225.130 |
| | • 1차, 2차, 3차, 4차 네임서버를 모두 입력해야 합니다. |

## 02 통신판매신고

통신판매신고를 진행합니다. 통신판매신고증이 등록되어 있어야 법적으로 온라인에서의 상품 판매가
가능합니다. 관할 시청 및 구청에서 신청할 수 있으며 민원24 사이트(www.minwon.go.kr)를 통하여
온라인으로 신청도 가능합니다.

01 민원24 사이트에 접속합니다. 회원가입 및 공인인증서로 로그인을 진행합니다.

02 검색창에 '통신판매업신고'를 검색하고 '신청서비스' 부분에서 사업자에 따라 해당하는
서비스의 [신청] 버튼을 클릭합니다.

**03** 사업자등록증에 기재된 대로 업체 정보를 입력합니다.

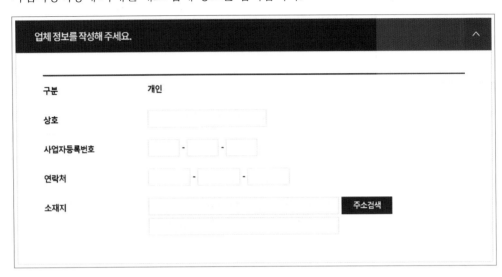

**04** 대표자 정보를 입력합니다.

**05** 판매방식에 '인터넷'을 선택하고 판매 아이템에 알맞은 취급 품목을 선택합니다. 도메인을 입력하고 호스트 서버 소재지에 아래 주소를 입력합니다.

**도로명 주소:** 서울특별시 강남구 언주로30길 13 대림아크로텔 5층 KNX
**지번 주소:** 서울특별시 강남구 도곡2동 467-6번지 대림아크로텔 5층 KNX

**06** 구매안전서비스 이용 확인증을 첨부합니다.

**07** 신고증 수령 기관을 선택하고 행정정보 공동 이용 사전 동의에 체크한 뒤 [민원 신청하기] 버튼을 클릭합니다. 접수를 완료하고 3-4일 정도 후에 처리가 완료되며, 관할 기관을 방문하여 통신판매신고증을 수령하면 됩니다. 이후 통신판매신고 번호는 메이크샵 관리자 페이지에서 [쇼핑몰 구축] >[쇼핑몰 기본 정보 설정] >[쇼핑몰 기본 정보 관리] 메뉴의 하단에 입력하면 됩니다.

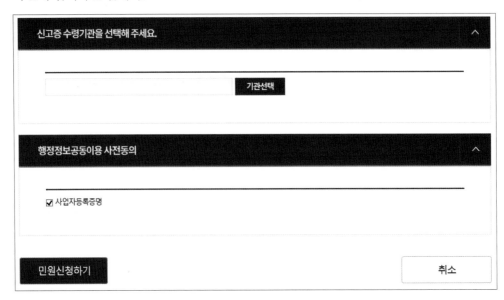

**TIP** **구매안전 서비스 이용 확인증**

'에스크로 서비스'라고도 하며 비대면 결제로 인한 사기 등의 고객 피해 방지를 위한 서비스로 농협과 국민은행에서 발급 가능합니다. 기업용 공인 인증서를 이용하여 발급 받을 수 있으니 참고 바랍니다.

# 통합결제 서비스 PG 신청하기

쇼핑몰에서 상품을 결제할 때 신용카드결제, 가상계좌, 계좌이체, 에스크로 등의 다양한 결제수단을 제공하는 서비스입니다. [쇼핑몰 구축] > [쇼핑몰 결제서비스 설정] > [통합결제(PG)소개/신청] 메뉴를 클릭하여 PG사에 대한 다양한 정보를 확인하고 신청할 수 있습니다.

해당 페이지에서 신청 후, 계약서 및 구비서류를 준비하여 계약을 진행하게 되는데 카드사에서 내 쇼핑몰과 상품에 대한 심사가 이루어 지는 기간이 약 1~2주 소요될 수 있으니 참고 바랍니다.

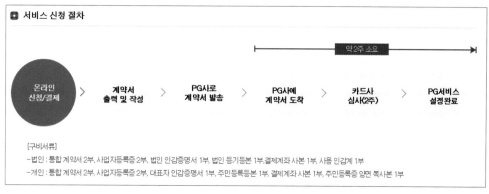

페이지 하단에 각 결제사의 서비스와 이용 요금에 대한 정보가 있으니 비교해 보고 [신청하기] 버튼을 클릭하여 절차를 진행하면 됩니다.

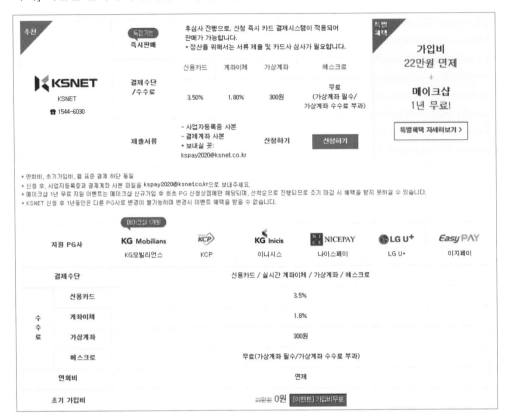

PLUS 영상으로 도메인 세팅 방법과 PG 신청 방법을 확인하고 싶으신 분은 QR코드를 통해 접속하세요. **유튜브 영상**으로 확인할 수 있습니다!

# 04 쇼핑몰 필수사항 체크하기

내 쇼핑몰의 서비스 이용 현황 및 보안 항목들을 살펴 보면서 '필수' 지정을 해야 하는 것들을 확인합니다.

상단의 [내 쇼핑몰] >[서비스 이용 현황]을 클릭하면 보안 및 법적 필수 기능과 추가로 이용할 서비스에 대해 안내 되어 있습니다. 각 메뉴의 [미사용] 버튼을 클릭하면 서비스를 신청하거나 기능을 설정하는 페이지로 링크되니, 내 쇼핑몰에 알맞게 선택하여 설정합니다.

## 서비스 이용현황

| 주문 버전 | **2.0** | 디자인 버전 | **D4** | 모바일 버전 | **이지팩** | 통합 옵션 | **사용** |
|---|---|---|---|---|---|---|---|

### 결제 서비스

- PG 통합결제 `필수`  미사용
- 휴대폰결제  미사용
- 페이코  미사용
- SSGPAY  미사용
- 삼성페이  미사용
- 카카오페이 `추천`  미사용
- 스마일페이  미사용
- 토스  미사용
- 해외결제  미사용
- 내통장결제  미사용

### 보안 및 법적 필수 기능

- SSL 보안서버 `필수`  미사용
- OTP 인증  미사용
- 접근 IP 제한  미사용
- 비밀번호 변경  **양호**
- 광고성 정보 재 동의 `필수`  미사용

### 운영 기능

- SMS  **0.0건 남음**
- 알림톡 `추천`  미사용
- 080 수신거부  미사용
- 비뱅크(자동입금확인) `추천`  미사용
- 이미지뱅크  **비기너**
- 안심번호  미사용

### 스페셜 서비스

- 파워앱  미사용
- 파워팩  미사용
- 파워리뷰  미사용
- 바로톡  미사용
- 클릭맵  미사용
- 애널리언스  미사용

상단 왼쪽의 [MakeShop] 로고를 클릭하여 내 쇼핑몰 관리자 페이지 첫 화면으로 이동하고, 페이지 오른쪽의 [법적 필수 보안 점검] 버튼을 클릭합니다. 온라인 쇼핑몰을 운영할 때에 반드시 지켜야 하는 법적 필수 사항 및 보안 사항에 대해 안내 되어 있으니 확인하여 불이익이 없도록 확인합니다.

MAKESHOP

M

# PART 7

# 모바일샵
# 구축하기

모바일 환경에서 내 쇼핑몰로 접속하면, 모바일샵으로 이동합니다. 등록한 상품이나 게시판 등의 내용은 연동되나 모바일샵의 환경에 알맞게 디자인을 설정해 주어야 합니다. 그 부분은 로고등록, 배너등록, 모바일 상품 진열 등을 포함하며 대 메뉴 [모바일샵]에서 설정할 수 있습니다. 메이크샵에서 모바일샵은 '이지팩'으로 기본 설정 되어 있어 코드 사용없이 간단 설정할 수 있도록 세팅되어 있습니다. HTML에 익숙한 분들은 HTML 버전의 모바일 스킨으로 변경도 가능하며, 여기에서는 이지팩으로 모바일샵 설정을 함께 해 보겠습니다.

# 모바일샵 상단 화면 설정하기

모바일샵의 상단에는 주로 로고, 쇼핑몰 메뉴, SNS 아이콘 등의 정보가 노출됩니다. 여기에서는 쇼핑몰 메뉴명의 타입과 상단 메뉴바의 디자인 설정, 그리고 로고 타입을 변경하도록 하겠습니다.

01 [모바일샵] > [모바일샵 설정] > [모바일D4(개별디자인)] 메뉴를 클릭하고 [디자인 편집하기] 버튼을 클릭합니다.

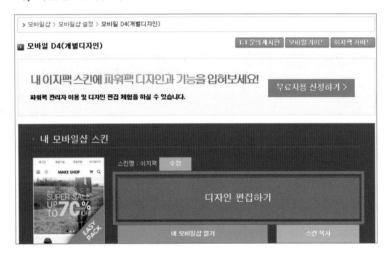

02 최초로 모바일 편집 화면에 접속했을 때는 '토리'라고 하는 안내 가이드가 보입니다. 한 단계씩 따라 가며 설명을 참고할 수 있으며, 상단의 [끝내기] 버튼으로 생략할 수도 있습니다.

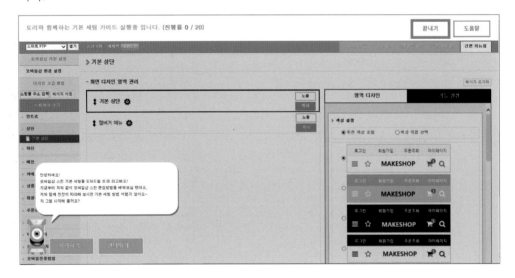

03  가이드를 생략한 후, 메뉴는 [상단] >[기본 상단]으로 이동한 것을 확인할 수 있습니다. '화면 디자인 영역 관리'에서 [기본 상단]을 클릭하고, '기능 설정' 영역에서 값을 설정합니다.

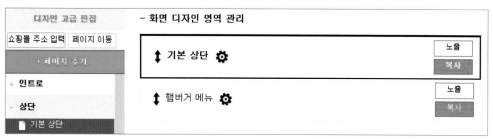

<화면 디자인 영역 관리>

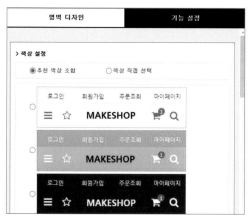

<기능 설정 영역>

04  '색상 설정'에서 변경할 추천 색상 조합 앞에 체크합니다.

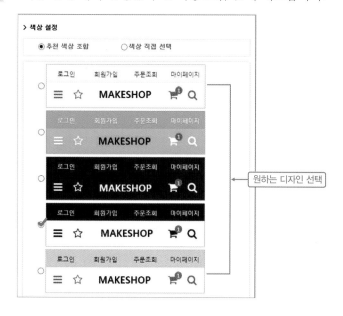

**05** '로고' 텍스트를 내 쇼핑몰명으로 입력하고 '상단 메뉴명 타입'을 '영문 메뉴명'으로 체크합니다.

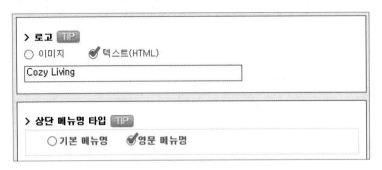

**06** 'SNS 아이콘'을 '노출함'으로 선택하고 이용하지 않는 SNS는 [삭제] 버튼을 이용하여 지웁니다. 아이콘을 클릭 했을 때 나의 SNS로 연결 하기 위해 [수정] 버튼을 클릭하고 링크 부분에 내 SNS 주소를 입력합니다. 입력 후 [확인] 버튼을 클릭합니다.

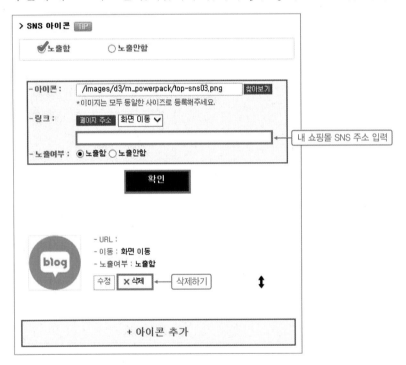

**07** 상단의 설정이 모두 완료되면, 적용을 위해 하단의 [설정 저장]을 클릭한 뒤, [디자인 저장]으로 모바일에 최종 반영 합니다.

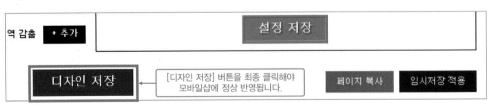

<u>08</u>  상단의 [스킨 미리보기]를 클릭하여 확인합니다.

<u>09</u>  색상, 로고, 상단 영문 메뉴명, SNS 아이콘이 적용된 것을 확인합니다.

LOGIN          JOIN          ORDER          MYPAGE

2,000원 적립

≡  ☆          **Cozy Living**          🛒  🔍

영상으로 모바일 쇼핑몰의 상단 디자인 설정 방법이 알고 싶으신 분들은
QR코드로 접속하세요. **유튜브 영상**으로 확인이 가능합니다.

TIP  익스플로러 브라우저로 모바일샵 미리보기를 했을 때 화면이 깨져 보일 수 있습니다. 그
럴 경우 크롬 브라우저를 사용해 보시기 바랍니다.

# 모바일샵 하단 화면 설정하기

모바일샵의 하단에는 주로 대표자명, 전화번호, 사업장 주소지, 입금 정보 등 쇼핑몰의 기본 정보가 노출됩니다. 여기에서는 모바일샵의 하단에 노출되는 고객센터와 은행정보를 변경하겠습니다.

01 관리자 페이지에서 [쇼핑몰 구축] >[쇼핑몰 운영 기능 설정] >[고객센터 및 은행계좌 설정] 메뉴를 클릭합니다.

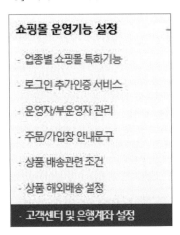

02 고객센터 이용 시간과 은행계좌를 입력하고 페이지 하단의 [설정하기] 버튼을 클릭합니다.

## 은행계좌 설정

| | | |
|---|---|---|
| 1번째 줄 | 우리 012-3456-78900 | 국민 123-45-6789-10 |
| 2번째 줄 | 국민 111-2222-33456 | 농협 123456-78-910 |
| 3번째 줄 | | 신한 123-45-6789-10 |
| 4번째 줄 | | 예금주 : 홍길동 |
| 5번째 줄 | | |

03 [모바일샵] >[모바일샵 설정] >[모바일D4(개별디자인)] 메뉴를 클릭하고 [디자인 편집하기] 버튼을 클릭합니다.

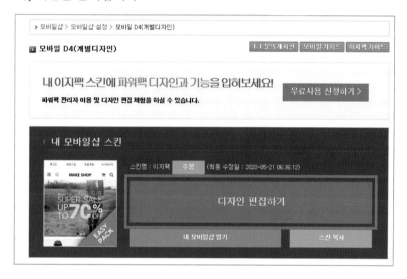

04 디자인 편집 화면에서 [하단] >[기본 하단]을 클릭합니다.

**05** '화면 디자인 영역 관리'에서 '고객센터'를 클릭하고, 오른쪽의 예금주를 내 쇼핑몰 정보에 맞게 변경합니다.

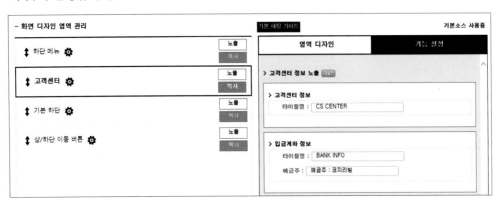

**06** 페이지 하단의 [설정 저장] , [디자인 저장] 버튼을 차례로 클릭하고 상단의 [스킨 미리보기]를 클릭하여 내 모바일샵에서 적용된 하단을 확인합니다.

영상으로 모바일 쇼핑몰의 하단 디자인 설정 방법이 알고 싶으신 분들은 QR코드로 접속하세요. **유튜브 영상**을 통해 확인이 가능합니다!

# 모바일샵 메인 화면 설정하기

모바일샵 메인 화면의 메인 배너와, 상품 배너, 상품 진열 설정에 대해 알아봅니다. 모바일샵에서 배너 이미지를 등록 할 때에도 PC쇼핑몰의 편집 방법과 마찬가지로 등록할 이미지를 먼저 웹FTP에 업로드 하여야 합니다.

 ## 메인 이벤트 배너 설정하기

01 관리자 페이지에서 대 메뉴 [개별디자인]을 클릭하고 웹FTP를 열어 줍니다.

02 FTP 화면에서 [찾아보기]를 클릭하고 이미지를 등록합니다. 업로드 창이 부족하면 [+업로드창 개수 늘리기] 버튼을 클릭하고 이미지를 등록합니다. 4개의 이미지를 모두 찾아 등록하고 [파일 업로드] 버튼을 클릭합니다.

| 이미지 파일 | 메인 이벤트 배너 | m_main_bn1.jpg<br>m_main_bn2.jpg |
|---|---|---|
| | 상품 배너(2개) | m_mini_bn1.jpg<br>m_mini_bn2.jpg |

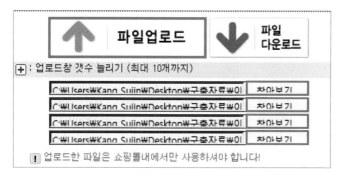

03 다시 관리자 페이지에서 [모바일샵] >[모바일샵 설정] >[모바일D4(개별디자인)] 메뉴를 클릭하고 [디자인 편집하기] 버튼을 클릭합니다. 편집 화면에서 [메인] >[메인]으로 이동 하여 '메인 이벤트 배너'를 클릭합니다.

**04** '이벤트 목록'에서 [수정] 버튼을 클릭합니다.

**05** '배너'의 [찾아보기]를 클릭합니다.

**06** [웹FTP] 버튼을 클릭합니다.

**07** '파일 목록'에서 'm_main_bn1.jpg' 파일을 클릭하고 [입력] 버튼을 클릭합니다.

**08** [페이지 주소]를 클릭합니다.

**09** '페이지 주소'창에서 이동을 원하는 분류를 선택하는데, 여기서는 '홈데코' 대분류의 [주소 복사]를 클릭하여 복사합니다.

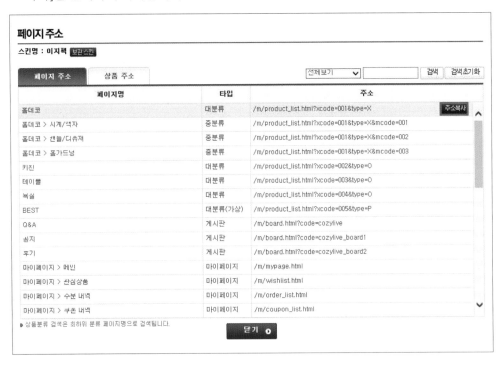

**10** '링크'에 붙여넣기 하고 [확인] 버튼을 클릭합니다.

**11** 아래 배너 또한 동일한 방법으로 수정하고, 세 번째 목록은 [삭제]를 클릭합니다. 페이지 하단의 [설정 저장] 버튼을 클릭하고 [디자인 저장] 버튼을 클릭하여 저장합니다.

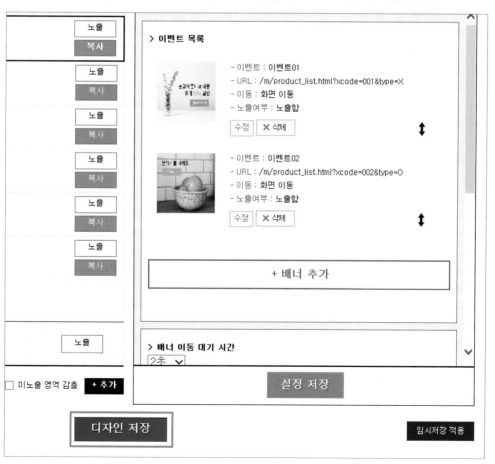

**12** 내 모바일샵에서 적용된 메인 배너를 확인합니다.

 영상으로 모바일샵 메인 배너 설정 방법을 확인하고 싶으신 분들은
QR코드로 접속하세요. **유튜브 영상**으로 확인 가능합니다!

## 🛍 메인 상품 배너(2개) 설정하기

**01** 모바일 편집 화면에서 [메인] > [메인] 메뉴를 클릭하고, 디자인 영역 관리에서 '상품 배너 (2개)'를 클릭합니다.

**02** 왼쪽 칸을 클릭하고 아래 [수정] 버튼을 클릭합니다.

**03** [찾아보기]를 클릭하고 [웹FTP] 버튼을 클릭하여 배너 이미지 'm_mini_bn1.jpg'를 등록합니다. [페이지 주소] 버튼을 클릭합니다.

**04** '페이지 주소'창에서 상품의 링크 주소를 복사하기 위해 [상품 주소]를 클릭하여 탭을 바꾸고, 상품이 있는 분류를 선택합니다. 그리고 해당 상품에서 [선택] 버튼을 클릭하고 [닫기] 합니다.

**05** [확인] 버튼을 클릭하여 왼쪽 칸 설정을 마무리 하고, 오른쪽 칸의 설정 또한 동일한 방법으로 진행합니다.

**06** 페이지 하단의 [설정 저장]을 클릭하고 [디자인 저장]을 클릭합니다.

**07** 내 모바일샵으로 이동하여 메인 화면을 확인합니다. 인터넷 익스플로러 브라우저로 확인 시, 상품 배너의 가로폭이 오류로 노출되므로 가급적 크롬 브라우저를 통해 확인해 주기 바랍니다. 모바일샵의 주소는 PC 쇼핑몰의 도메인 뒤에 '/m'을 입력하면 쉽게 확인이 가능합니다.

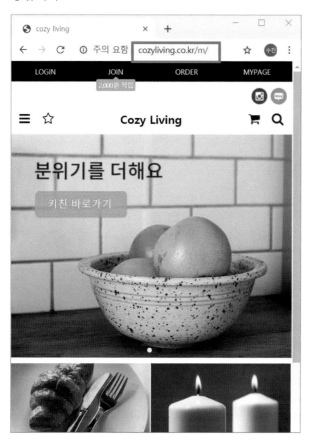

<크롬 브라우저 화면>

영상으로 모바일샵 메인의 상품 배너 설정 방법을 확인하고 싶으신 분들은 QR코드로 접속하세요. 해당 영상의 재생 시간 5:23 부터 시청 가능합니다.

**모바일샵 메인 상품 영역 설정하기**

모바일샵 메인 화면에 상품을 진열하는 방법은 PC 쇼핑몰의 메인 진열 방법과 동일하므로 도서 앞의 83페이지 '메인 화면 상품 진열하기'를 확인해 주면 됩니다. 모바일 메인 화면의 신상품 영역에 상품을 노출하고, 노출 방식에 대해 설정해 보겠습니다. 가로 진열 개수와 노출 상품 정보 등을 설정할 수 있습니다.

**01** 모바일 편집 화면의 [메인] >[메인]을 클릭하고 '신상품' 영역을 클릭합니다.

**02** '기능 설정'에서 '상품 진열 타입', '상품 정보 정렬', '상품 정보 노출' 메뉴를 이용하여 원하는 노출 방법에 체크합니다.

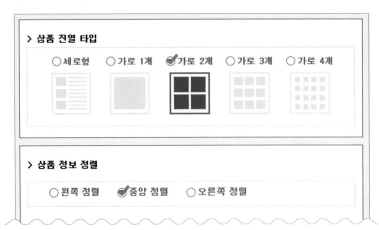

> 상품 정보 노출                                    스타일 설정 열기

○ 모바일 이미지    ○ 리스트 이미지    ○ 상세 이미지    ☑ 확대 이미지

☑ 상품명              ☑ 판매가격           ☐ 소비자 가격
☐ 소비자가대비 할인율   ☐ 추가 상품명         ☐ 영문 상품명
(%)                   ☐ 적립금(원)          ☐ 적립금(%)
☐ 리뷰개수            ☐ 포인트(p)           ☐ 포인트(%)
☑ 상품 조회수         ☐ 특이사항            ☐ 브랜드
☐ 상품번호            ☐ 판매수량

03  페이지 하단의 [설정 저장]을 클릭하고 [디자인 저장]을 클릭하여 적용합니다. 내 모바일
    쇼핑몰 메인 화면에서 변경된 상품 영역 부분을 확인합니다.

# PART 8

# 네이버에
# 사이트 등록하기

쇼핑몰 기본 구축을 마치고 나면 쇼핑몰로 고객 유입
이 일어날 수 있도록 해주어야 합니다. 마케팅의 단
계 이전에 포털 사이트에 쇼핑몰 소유권 확인 작업과
사이트 등록을 하여 쇼핑몰 정보 등록의 기본 단계를
진행합니다. 추후 웹마스터 도구를 이용하여 사이트
최적화를 점검해 주면 원하는 키워드 검색에 대한 노
출에 더욱 유리하게 작용할 수 있습니다.

# 네이버 웹마스터 도구 활용하기

가장 흔히 이용하는 포털 사이트 중 하나인 네이버에 사이트 등록을 진행하겠습니다. 네이버에서는 '웹마스터 도구'를 이용하여 사이트를 등록하고 관리합니다. 이는 네이버에 내 쇼핑몰 사이트가 검색 반영 될 수 있도록 제공하는 서비스입니다. 웹마스터 도구를 사용하지 않아도 검색 결과에 반영 될 수 있지만 네이버 웹마스터 도구를 사용하면 어떻게 검색에 반영되는지 알 수 있으니 참고 바랍니다.

 ## 네이버 웹마스터 도구로 사이트 관리하기

**01** 네이버 서치어드바이저(https://searchadvisor.naver.com/) 사이트로 이동합니다. 상단의 '로그인'을 클릭하여 네이버 아이디로 로그인 한 다음 [웹마스터 도구] 버튼을 클릭합니다.

**02** 사이트 등록 절차가 시작되면, 내 쇼핑몰의 주소를 입력하고 [다음 단계로 이동] 버튼을 클릭합니다.

**03** 사이트 소유 확인 절차의 'HTML 태그'에 체크하고 아래 태그를 복사합니다. 복사한 태그는 내 쇼핑몰의 관리자 페이지로 이동하여 붙여넣기 한 뒤, 소유 확인을 진행합니다.

**04** 메이크샵 관리자 페이지에서 태그를 붙여넣기 하는 곳은 다음과 같습니다. 메뉴 [개별디자인]을 클릭하고 [디자인 편집하기] 버튼을 클릭합니다.

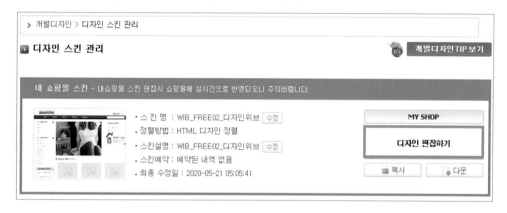

**05** 첫 화면인 '디자인 환경 설정'에서 'HEAD 입력' 부분에 복사해 온 태그를 붙여넣기 합니다. 아래의 [저장] 버튼을 클릭합니다.

**06** 다시 네이버 웹마스터 도구 페이지로 돌아와 소유 확인의 진행을 완료합니다.

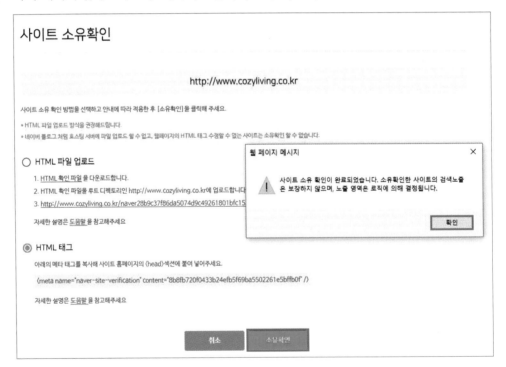

**07** 내 사이트 목록에 도메인이 등록 되면, 도메인을 클릭하여 사이트 관리의 자세한 부분을 확인 및 설정할 수 있습니다. 이 때에 상단의 [웹마스터 가이드]를 클릭하여 관리에 대한 가이드를 참고 할 수 있습니다.

내 쇼핑몰을 네이버 사이트에 등록하는 방법에 대해 알고 싶으신 분은 QR 코드로 접속하세요. **유튜브 영상**으로 확인 가능합니다!

# 부록

# 쇼핑몰 디자인
# 업그레이드 하기

메이크샵에서는 관리자 페이지의 기능 설정, 그 설정을 노출하는 코드의 입력, 노출하는 방식을 결정하는 디자인 설정, 이렇게 크게 세 부분을 세팅하여 쇼핑몰에 최종으로 원하는 기능을 노출하는 방식입니다. 부록에서는 내 쇼핑몰에 스킨을 변경하여 적용해 보고 그에 대한 디자인을 수정 및 보완하는 것으로, 예시와 다른 디자인 스킨을 적용 하더라도 수정 위치와 그 방법이 유사하므로 함께 실습해보면 타 스킨에도 응용하여 활용 할 수 있습니다.

디자인 편집 개요

디자인 변경은 주로 [개별디자인] >[디자인 스킨 관리] >[디자인 스킨 관리] 메뉴에서 [디자인 편집] 버튼을 클릭하여 열리는 디자인 편집 화면에서 작업합니다. 그리고 여기에서는 HTML/CSS와 같은 웹환경을 표현해 주는 코드를 사용하게 됩니다. [디자인 편집] 탭에서는 HTML을 이용하여 내용과 기능을 입력하고, [CSS] 탭에서는 기능의 세부 위치, 크기, 색상 등의 기능 외적인 디자인 관련 코드를 입력하는 부분입니다.

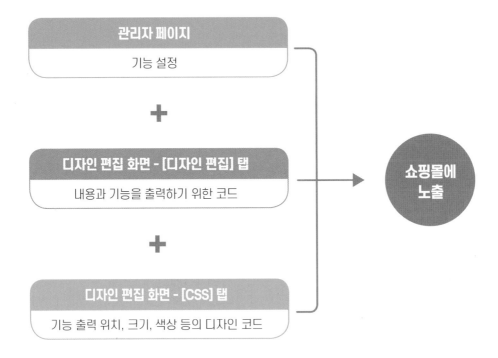

[개별디자인] >[디자인 스킨 관리] >[디자인 스킨 관리] 메뉴에서 [디자인 편집하기] 버튼을 클릭하여 편집 화면을 확인할 수 있습니다. 왼쪽에서 편집할 페이지를 선택하고 코드를 이용하여 편집합니다. 편집 시, 링크 주소를 입력할 때 상단의 [페이지 주소] 혹은 [가상태그 팝업 열기] 버튼을 클릭하고 원하는 링크 주소를 복사하여 이용할 수 있습니다.

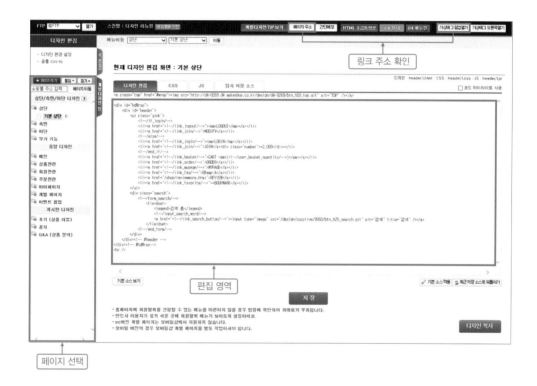

기존의 디자인 스킨에서 다른 디자인 스킨으로 변경 적용할 때, 디자인이 가장 많이 바뀌는 부분은 쇼핑몰의 메인 페이지 입니다. 쇼핑몰에서 분류 페이지나 게시판 페이지 등의 세부 페이지를 확인할 때에도 상단 디자인과 왼쪽 디자인, 하단 디자인은 고정으로 늘 보이는 영역이므로 이 영역이 상대적으로 디자인 중요도가 높다고 할 수 있습니다. 그 외의 영역은 모두 중앙 디자인 영역에 속하는데, 그 중에서도 쇼핑몰의 첫 페이지인 메인 부분이 배너, 공지사항, 상품 진열 등 포함하는 콘텐츠를 다양하게 배치할 수 있기 때문에 디자인 리뉴얼 시, 가장 수정을 많이 하는 부분이기도 합니다. 여기에서는 메이크샵의 무료 스킨 중 '[D4]COCO' 스킨으로 변경하는 것을 예시로 하여 디자인 리뉴얼 방법을 알아보겠습니다.

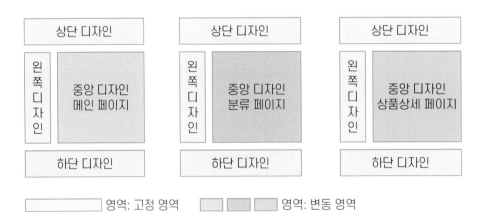

# 4 스킨 디자인 변경

01    [개별디자인] >[디자인 스킨 관리] >[디자인 스킨 선택]을 클릭하고 적용할 디자인 스킨을 선택합니다.

02    여기서는 '[D4]COCO' 스킨을 적용하며, [미리보기]를 클릭하여 디자인 스킨을 확인할수 있습니다.

**03** [추가하기] 버튼을 클릭하여 스킨을 추가하면 디자인 스킨 뱅크에 담겨있는 스킨을 확인할 수 있습니다. 스킨명 옆에 [수정] 버튼을 클릭하고 '디자인 리뉴얼'을 입력하여 현재 적용 스킨과 구분하기 용이하도록 이름을 바꿔줄 수 있습니다.

**04** 리뉴얼 시 내 쇼핑몰의 오류 현상을 줄이기 위해 디자인 스킨 뱅크에서 편집을 마친 뒤 내 쇼핑몰로 적용합니다. 여기에서는 실습 편의상 내 쇼핑몰로 적용한 뒤 디자인 편집을 진행 하겠습니다. [쇼핑몰 적용하기] 버튼을 클릭하여 내 쇼핑몰 스킨으로 적용합니다. 적용 후, [내 쇼핑몰] >[PC 쇼핑몰]을 클릭하여 확인합니다.

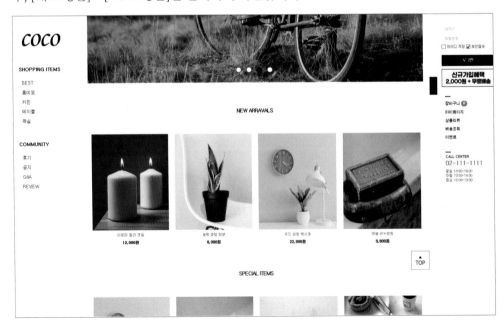

## TIP 디자인 스킨 기본 소스 확인

≠[COCO] 스킨이 아닌 [modern_simple] 스킨의 썸네일이 디자인 스킨 뱅크에 추가

<디자인 스킨 선택 화면>　　　　　　　　<디자인 스킨 뱅크에 추가된 화면>

'[D4]COCO' 스킨 디자인을 추가하고 나면 디자인 스킨 뱅크에 보이는 썸네일은 내가 선택한 디자인과 다르게 보입니다. 이는 '[D4]COCO' 스킨이 'modern_simple' 스킨 디자인을 베이스로 하여, 메인 페이지를 포함한 주요 디자인의 틀만 변경하여 만들어진 스킨이기 때문입니다. 그러므로, 메인 페이지를 제외한 내부 페이지는 'modern_simple'의 내부 페이지와 대체로 유사합니다.

이처럼 기본 지원 스킨인 'modern_simple'을 베이스로 디자인 된 스킨은 추후 디자인 편집 시한 가지 유의점이 있습니다. 편집 화면에서 코드 변경을 진행하다가 수정 전의 처음 코드를 참고할 때 이용하는 [기본 소스 보기]와 [기본 소스 적용] 기능은 리뉴얼 스킨으로 선택한 'COCO' 스킨의 코드가 아닌 베이스 스킨인 'modern_simple'의 코드입니다. 만약 작업을 진행 중에, 선택한 스킨 디자인의 변경 전 최초 코드를 참고하려 한다면 동일한 스킨 디자인을 하나 더 추가한뒤 디자인 스킨 뱅크에서 [편집하기] 버튼을 통해 코드를 확인할 수 있습니다.

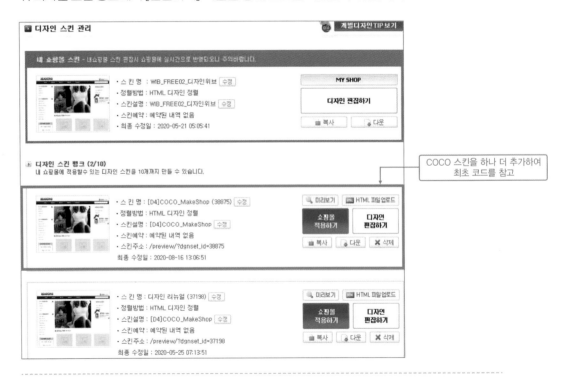

## 5 디자인 변경 사항 체크하기

내 쇼핑몰에 새로운 디자인 스킨을 적용하고 나면 어떤 부분의 디자인을 수정해야 하는지 체크해야 합니다. 스킨 디자인마다 내 쇼핑몰 기존 설정값의 노출 여부와 노출 위치가 다르기 때문에 기능 연결이 잘 되는지 오류를 체크함과 동시에 로고, 배너 등 디자인 콘텐츠의 종류와 사이즈 등을 파악합니다.

**01** **디자인 변경 사항 1 :** 좌측 상단과 하단의 로고 이미지  [사이즈 135 × 75 픽셀]

**02** **디자인 변경 사항 2 :** 우측 상단의 이벤트 배너 [사이즈 171 × 55 픽셀]

**03** **디자인 변경 사항 3 :** 메인 중앙의 슬라이드 배너 4개 [사이즈 1084 × 643 픽셀]

**04** **디자인 변경 사항 4 :** 메인과 분류 페이지의 상품 이미지 [사이즈 417 × 500 픽셀]
상품 이미지 사이즈는 '250 × 300' 픽셀이나 동일한 비율로 더 큰 이미지를 준비합니다. 이는 상품 상세 페이지 내의 이미지를 적용하는 것과도 연결되는 부분으로, 이어 적용하는 5번에서 상품 상세 페이지의 이미지 크기도 깨짐 없이 늘려주기 위함입니다.

**05** **디자인 변경 사항 5 :** 상품 상세 페이지 이미지와 상품 정보 영역의 가로 사이즈

**06** **디자인 변경 사항 6 :** 상품 상세 페이지 구매 버튼 이미지 3개 [사이즈 158 × 47 픽셀]
5번 디자인 변경 적용 시 상품 정보 영역의 가로 사이즈에 맞게 버튼 사이즈 변경 가능

내 쇼핑몰에 적용할 새로운 이미지를 제작하고 난 뒤, FTP를 이용하여 일괄 업로드 합니다. 상품 수정 시 등록하는 '상품 리스트 이미지'를 제외한 다른 이미지는 모두 FTP 업로드 후 코드를 이용하여 쇼핑몰에 적용할 수 있기 때문에 한 번에 업로드 하여 디자인을 수정할 준비를 합니다. 대 메뉴 [개별디자인]을 클릭하고 '웹FTP'를 선택하여 [열기] 합니다. FTP창에서 [찾아보기]를 클릭하고 이미지를 불러온 뒤 버튼을 클릭하여 업로드 합니다. 추후 이미지를 수정할 때 파일 목록에서 해당 이미지를 클릭하고 '이미지 경로'를 복사하여 이용합니다.

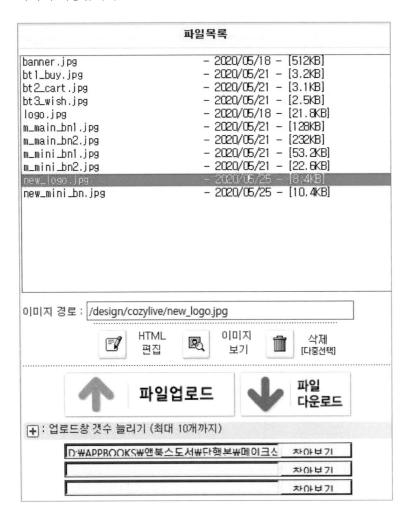

**7** 좌측 상단과 하단의 로고 이미지 변경

| 이미지 파일 | new_logo.jpg |
|---|---|

01 '웹FTP'에서 등록한 로고를 클릭하고 이미지 경로를 복사합니다. 그리고 스킨 편집 화면에서 [하단] >[기본 하단]을 클릭하여 기존 코드에서 로고의 이미지 경로를 새로 업로드한 이미지의 경로로 수정하고 [저장] 버튼을 클릭합니다.

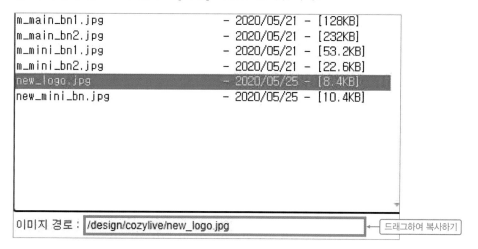

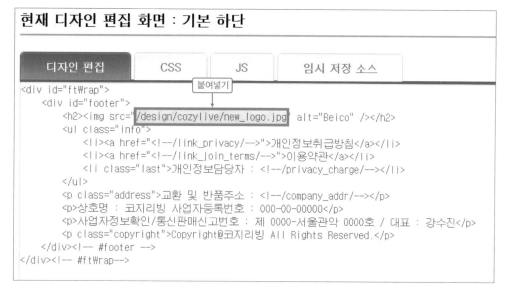

**02** 스킨 편집 화면에서 [측면] >[기본 측면]을 클릭하고, 기존 코드에서 로고의 이미지 경로를 새로 업로드 한 이미지의 경로로 수정하고 [저장] 버튼을 클릭합니다.

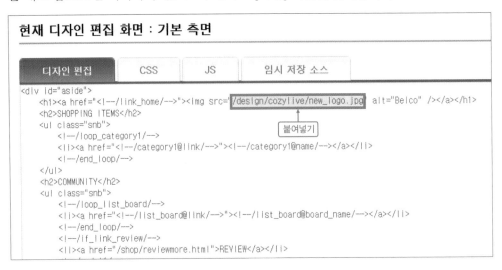

**03** 내 쇼핑몰에서 변경된 로고 이미지를 확인합니다.

## 8 우측 상단의 이벤트 배너 변경

| 이미지 파일 | new_mini_bn.jpg |
| --- | --- |

01 스킨 편집 화면에서 [측면] >[기본 측면]을 클릭하고 기존 코드에서 배너의 이미지 경로와 링크를 수정합니다. 링크 주소는 [가상 태그 팝업 열기] 버튼을 클릭하여 회원 가입 페이지 주소를 가져 옵니다. 수정을 마치면 페이지 아래 [저장] 버튼을 클릭하여 내 쇼핑몰에 반영합니다.

02 내 쇼핑몰에서 변경된 배너 이미지를 확인합니다.

배너가 슬라이드 되며 바뀌는 부분은 메이크샵의 '메인 롤링 배너' 기능으로 설정할 수도 있고, 기능 설정 외 HTML/CSS와 JS(JavaScript)의 코드로 구현할 수도 있습니다. 여기서는 코드 변경 방법으로 기본세팅 되어 있으므로, 이를 수정하여 적용하는 법에 대해 알아 보겠습니다.

| 이미지 파일 | new_bn1.jpg |
| --- | --- |
| | new_bn2.jpg |
| | new_bn3.jpg |
| | new_bn4.jpg |

**01** 스킨 편집 화면에서 [메인] >[메인]을 클릭하고 기존 코드에서 배너의 이미지 경로와 링크를 수정합니다. 분류나 상품의 링크 주소는 상단의 [페이지 주소]를 클릭하고 복사하여 사용할 수 있습니다. 이미지 설명을 쓰는 'alt'라는 속성은 오류로 이미지가 누락 되었을 때, 이미지 대신 표시되는 태그의 글자입니다. 'sample'로 기본 입력된 부분을 수정하여 '신규회원가입 이벤트 배너'와 같이 배너를 설명하는 문구를 작성하기를 권장합니다.

**02** 배너가 슬라이드 되는 동작에 대한 설정은 [JS] 탭을 클릭하여 확인할 수 있습니다. 슬라이드 움직임에 대한 숫자를 변경하여 원하는 대로 설정할 수 있습니다.

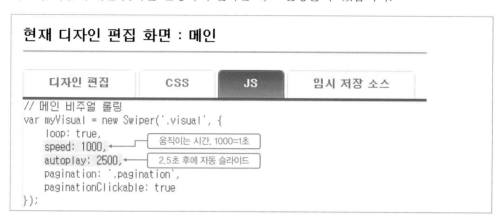

**03** 내 쇼핑몰을 클릭하여 변경된 슬라이드 배너를 확인합니다.

**01** 정사각형으로 등록한 상품 이미지가 스킨 틀에 맞춰 세로로 늘어나 보이므로 비율에 맞게 세로로 긴 이미지를 포토샵에서 편집하여 다시 준비합니다. 상품 수정 메뉴를 통해 상품 이미지를 재등록 하는데, 우선 스킨 편집 화면에서 [메인] >[메인]으로 이동하여 등록된 이미지 코드를 확인합니다. 사용된 이미지가 S, M, L 세가지 크기의 이미지 중 'M' 이미지인 것을 확인하고, 이에 해당하는 '상세이미지' 부분을 수정하기 위해 이동합니다.

**02** 관리자 페이지에서 [상품 관리] >[판매 상품 기본 관리] >[전체 상품 통합 관리]를 클릭하고 상품명을 클릭합니다.

**03** [이미지] 탭을 클릭하고 M 크기 이미지인 '상세이미지'의 [찾아보기]를 클릭하여 새로운 비율의 상품 이미지를 등록하고 권장 이미지 사이즈 '300×300'을 '500×500'으로 선택합니다. [수정] 버튼을 클릭하여 변경 사항을 저장 한 후, 이와 동일한 방법으로 전 상품의 이미지를 수정합니다.

**04** 내 쇼핑몰의 메인 페이지와 분류 페이지에 변경된 상품 이미지를 확인합니다.

**01** 상품 이미지 클릭 시 보이는 상품 상세 페이지 화면에서 이미지와 상품 정보 영역 사이 여백이 크게 느껴집니다. 상품 이미지와 정보 영역의 가로 사이즈를 크게 하여 여백을 줄이고 디자인을 안정적인 느낌으로 수정 하기 위해 관리자 화면으로 이동합니다.

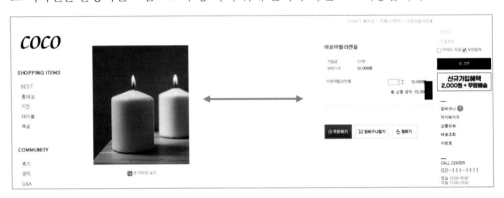

**02** 디자인 편집 화면에서 [상품관련] >[상품 상세 페이지] >[기본 상세 페이지]를 클릭합니다. 상품 이미지의 가로 크기와 정보 영역의 가로 크기에 해당하는 값을 찾아 수정하고 페이지 하단의 [저장] 버튼을 클릭합니다.

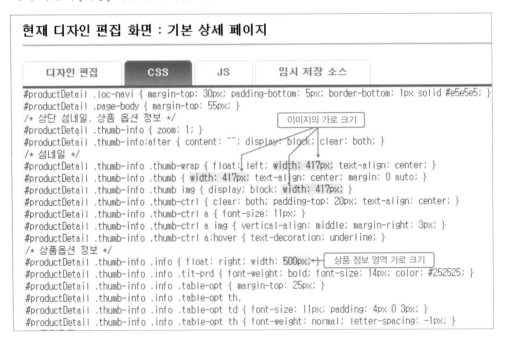

**03** 내 쇼핑몰에서 상품을 클릭하고 상세 페이지를 확인합니다.

| 이미지 파일 | 구매하기 버튼: new_bt_buy.jpg<br>장바구니 버튼: new_bt_cart.jpg<br>찜하기 버튼: new_bt_wish.jpg |
|---|---|

<u>01</u> 상품 정보 영역의 가로폭이 넓어진 만큼 상품 구매 버튼도 폭을 맞춰서 제작 및 등록합니다. 디자인 편집 화면에서 [상품관련] > [상품 상세 페이지] > [기본 상세 페이지]를 클릭하고 주문하기, 장바구니 담기, 찜하기 버튼 이미지의 위치를 찾습니다. 기존 이미지 경로를 삭제하고 새로운 이미지 경로를 붙여넣기 합니다.

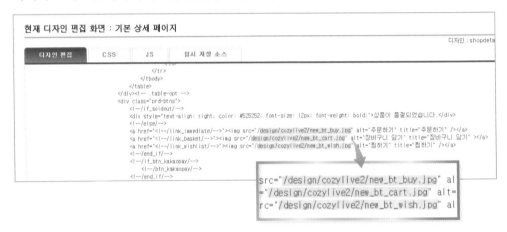

<u>02</u> 페이지 하단의 [저장] 버튼을 클릭하고, 내 쇼핑몰의 상세 페이지 화면에서 확인합니다.

# MEMO

MAKESHOP

M